WordPress
BÁSICO

APLICACIÓN PRÁCTICA

2025, Roy Sahupala

Nota importante

Los métodos y programas de este manual se exponen sin tener en cuenta ninguna patente. Están destinados exclusivamente a los aficionados y al estudio. Todos los datos técnicos y programas de este libro han sido recopilados por el autor con el mayor esmero y reproducidos tras una minuciosa comprobación. No obstante, no se pueden descartar por completo los errores. Por ello, el editor se ve obligado a señalar que no puede asumir ninguna garantía ni responsabilidad legal de ningún tipo por las consecuencias derivadas de una información errónea. El autor agradecerá en todo momento que se le comunique cualquier error.

Tenga en cuenta que los nombres de software y hardware mencionados en este libro, así como las marcas de las empresas implicadas, están protegidos en su mayoría por marcas de fabricante, marcas comerciales o por el derecho de patentes.

Autor: R.E. Sahupala
ISBN/EAN: 9798896861324
Primera edición: 02-02-2024
Versión: 01-25
NUR-code: 994
Editorial: WJAC
Página web: www.wp-books.com/basics

Con especial agradecimiento a:
Mi encantadora esposa Iris van Hattum y nuestro hijo Ebbo Sahupala.

ÍNDICE

INTRODUCCIÓN

¿Quiere crear un sitio web profesional de forma independiente, sin conocimientos técnicos y con contenidos que cambien regularmente? Entonces acabará rápidamente con un Sistema de Gestión de Contenidos. Existen varios Sistemas de Gestión de Contenidos, entre ellos WordPress.

La razón por la que elijo WordPress depende de varios factores. Para mí, como diseñador web, la razón más importante es la facilidad de uso y mantenimiento del sistema. Un diseñador web puede instalar este sistema rápidamente y es fácil de mantener. Esto permite a un cliente empezar de inmediato.

Para crear un sitio con WordPress, puedes elegir entre varios temas gratuitos disponibles. En este libro, le mostraré cómo instalar, configurar y administrar WordPress. También le mostraré cómo ampliar el sistema con plugins para formularios, galerías, medios, copias de seguridad y optimización para motores de búsqueda.

Para trabajar con WordPress de forma rápida y sencilla, es útil disponer de un servidor web en tu propio ordenador. Con unos sencillos pasos, te mostraré cómo hacer que un ordenador funcione como servidor web. A continuación, muestro cómo trasladar un sitio web WordPress a Internet.

Este libro proporciona una base sólida para explorar WordPress por tu cuenta. ¿Quieres profundizar aún más en WordPress? Entonces visita *www.wordpress.org*.

Todos los ejercicios de este libro son prácticos. Sólo muestro los más esenciales, no contienen descripciones superfluas y son de aplicación inmediata. Más información: **www.wp-books.com/basics**.

Se ofrecen explicaciones para usuarios de MacOS y Windows.

¿A quién va dirigido este libro?

▸ Para los que quieren montar un sitio WordPress de forma independiente.

▸ Para los que no quieren depender de desarrolladores.

▸ Para los que no tienen conocimientos de programación.

▸ Para estudiantes de multimedia.

▸ Para editores web.

▸ Para cualquiera que quiera crear su propio weblog/sitio.

Consejo, ¡tómese su tiempo! Lea detenidamente un capítulo antes de sentarse ante el ordenador.

Suministros

Para desarrollar un sitio WordPress, necesitas: un **servidor web** o **alojamiento web**, la última versión de **WordPress** y un **navegador de Internet**.

Con un **servidor web local**, puede desarrollar un sitio de WordPress en su propio ordenador. En este libro, le muestro paso a paso cómo instalar y utilizar un servidor web en su propio ordenador. Después de desarrollar un sitio WordPress, publique el resultado en Internet. Esto requiere **alojamiento web**.

Utilizando un **navegador de Internet**, se conecta al sistema CMS. Necesita este programa para proporcionar a WordPress el contenido necesario.

Es aconsejable instalar más de un navegador, porque puede que algunas funciones de WordPress no funcionen en su navegador favorito. Si este es el caso, puede cambiar rápidamente a otro navegador.

Todos los ejercicios de este libro se han probado con Firefox, Safari, Google Chrome y Microsoft Edge. Utiliza siempre la última versión.

Objetivo de este libro

Este libro es adecuado para cualquier persona que desee utilizar Word-Press de forma práctica y rápida sin conocimientos técnicos.

Este libro explica cómo instalar WordPress en su ordenador, pero también en Internet. Una ventaja de la instalación local (wordpress en su ordenador) es que puede experimentar antes de publicar el resultado en Internet.

Este libro sólo proporciona las explicaciones esenciales y, tras adquirir suficiente experiencia con WordPress, podrá explorar el sistema más a fondo por su cuenta.

Para obtener más información sobre WordPress, existen libros avanzados, como **WordPress - Avanzado**, **WordPress - Gutenberg**, **WordPress - Tema clásicos** y **WordPress - Tema en bloque** (nuevo formato de tema). Para crear una tienda online, puedes utilizar el libro **WordPress - WooCommerce**.

Para más información, visite: **www.wp-books.com**.

SERVIDOR WEB EN EL ORDE-NADOR

WordPress es un sistema CMS que se puede instalar directamente en Internet. Un servidor de Internet debe entonces soportar PHP y MYSQL. La mayoría de los proveedores de alojamiento web ofrecen este servicio. Sin embargo, es aconsejable desarrollar primero un sitio web en su propio ordenador antes de ponerlo en internet.

Las ventajas de crear un sitio web WordPress en su propio ordenador son:

▸ No depende de un nombre de dominio ni de un alojamiento web.
▸ Por tanto, la producción es más rápida.
▸ Siempre tienes una copia de seguridad después de que el sitio esté en línea.
▸ Puede experimentar con un sistema local antes de aplicar determinadas operaciones a un sistema remoto (Internet).

La instalación de WordPress en su propio ordenador requiere el uso de un lenguaje de programación (PHP) y una base de datos (MySQL).

PHP son las siglas de Hypertext Preprocessor, que es un lenguaje de scripting de código abierto y del lado del servidor. PHP se encarga de hacer funcionar el sistema. Piense en esto como el motor de su sitio web.

MySQL se encarga de almacenar datos: contenido, configuración y otros tipos de información del sitio. ¿Quieres saber más sobre PHP y MySQL? Entonces hay mucho texto y explicaciones en Internet.

Instalar un servidor web en tu propio ordenador parece un proceso complicado. Se reduce a instalar un programa. Una vez activado el programa, es posible instalar y gestionar WordPress en su propio ordenador. De este modo, sólo usted podrá acceder a su sitio de WordPress. Existen varios programas de servidor web.

Tanto **LOCAL** como **MAMP** están disponibles para MacOS y Windows.

Con LOCAL, sólo puede instalar sitios de WordPress.
Con MAMP, puede instalar varios sitios CMS, incluido WordPress.

Abra un navegador de Internet y vaya a **www.localwp.com**.
LOCAL también instala Apache, MySQL y PHP.

Vaya a la opción de menú **Downloads**. Aparecerá una ventana emergente. Seleccione la versión **MacOS** o **Windows**.

Rellene los datos necesarios y haga clic en el botón **¡Get it now!**

Las siguientes secciones explican cómo instalar LOCAL y MAMP en un ordenador MacOS o Windows.

Si ya dispone de un servidor web en su ordenador y está familiarizado con la instalación de un sistema CMS, puede pasar directamente al capítulo *INSTALACIÓN DE WORDPRESS EN SU PROPIO ORDENADOR*.

Si desea instalar Wordpress en Internet, vaya al capítulo *INSTALACIÓN DE WORDPRESS EN INTERNET*.

SERVIDOR WEB PARA MACOS

¡Por favor, lea el capítulo antes de instalar LOCAL!

El software no se instala a través de la App Store.

Vaya a **Apps > Preferencias del Sistema Settings.app**.

Haz clic en **Privacidad y seguridad**.

Active la opción: **App Store y desarrolladores identificados**.

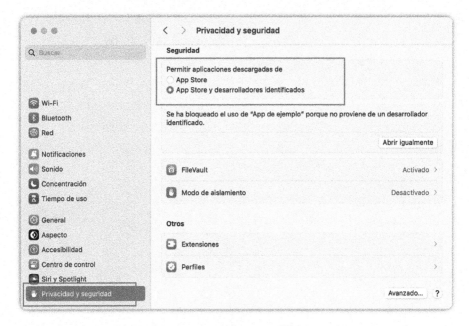

A continuación, puede instalar el programa LOCAL.

Una vez descargado LOCAL, verá un archivo **dmg** en la carpeta **Descargas**.

Haga doble clic en **local-9.1.0-mac.dmg** para abrir el archivo. Aparecerá la siguiente ventana.

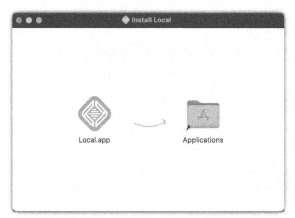

Desde esta ventana, arrastre **Local.app** a la carpeta **Applications** (carpeta *App*).

¡Enhorabuena! LOCAL está instalado.

Iniciar LOCAL

Vaya a **Apps > LOCAL** e inicia el programa.

Como puedes ver, el Finder te pedirá permiso antes de proceder. Haz clic en **Abrir**.

Acepte los términos y condiciones y haga clic en el botón **I AGREE**.

Aparece una nueva ventana.

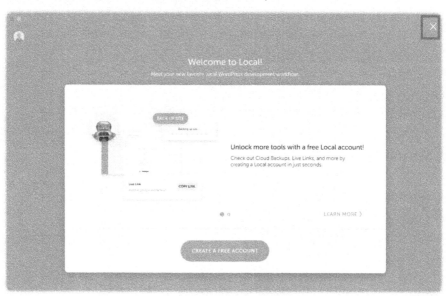

No es necesario crear una cuenta. Haga clic en la cruz blanca de la parte superior derecha para pasar a la siguiente ventana.

Antes de continuar con la instalación de WordPress, va a cerrar el programa. Vaya a **Menú principal > Local > Salir** o utilice la combinación de teclas **Comando+Q**.

Consejo, a partir de ahora utilizará la aplicación LOCAL más a menudo, por lo que es útil crear un acceso directo en el Dock de MacOS.

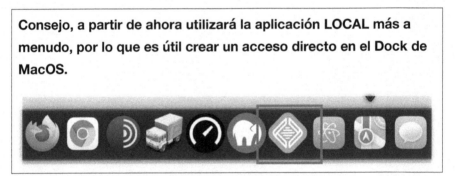

El servidor web está instalado. En el capítulo *INSTALACIÓN DE WORD-PRESS*, se continúa con el programa LOCAL.

Si quiere saber más sobre LOCAL, vaya a *www.localwp.com*.

Si la instalación LOCAL falló, entonces usa la aplicación MAMP.

Vaya a www.mamp.info.

1. Descarga **MAMP & MAMP PRO** - MacOS.
2. Haz doble clic en el archivo **.pkg** de la carpeta de descargas.
3. Sigue el proceso de instalación.

Consejo, después de instalar MAMP, tendrás 2 programas *MAMP*
y MAMP PRO.

Puedes usar MAMP gratis. Se encuentra en la carpeta **Apps > MAMP**.

La versión Pro requiere una licencia. En el capítulo *Instalar WordPress ma-*
nualmente con MAMP, leerás cómo instalar WordPress.

SERVIDOR WEB PARA WINDOWS

Lea atentamente este capítulo antes de instalar LOCAL.

Una vez descargado el software, encontrará LOCAL-9.1.0-windows en la carpeta de descargas (el número indica la versión). Haga doble clic en el archivo para iniciar la instalación. Aparecerá la siguiente ventana.

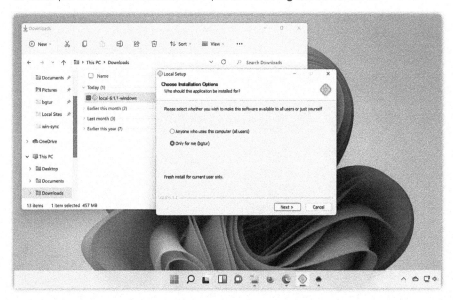

Sea cual sea su elección, haga clic en **Siguiente** para continuar.

Esta ventana muestra la ruta de instalación. Haga clic en **Instalar**.

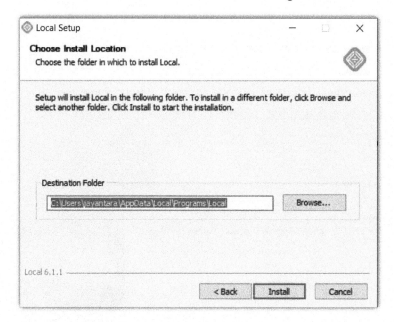

Es hora de tomar un café o un té.

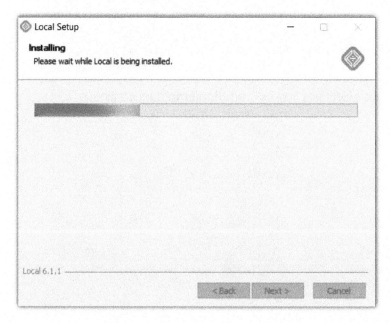

Durante la instalación, se le pedirá que autorice al programa a realizar cambios en su ordenador. En este caso, elija siempre **Sí**. A continuación se inicia el proceso de instalación.

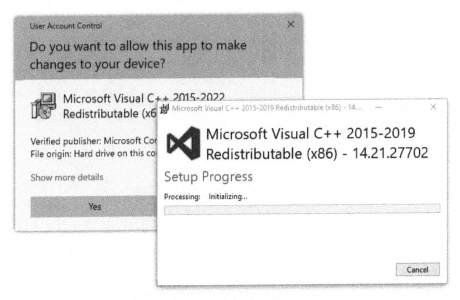

Dependiendo de su versión de Windows, este proceso puede repetirse.

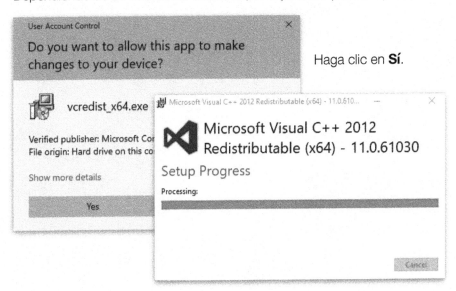

Haga clic en **Sí**.

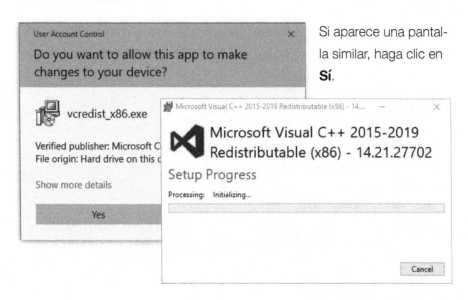

Si aparece una pantalla similar, haga clic en **Sí**.

Instalación **completada**.

Enhorabuena. LOCAL está instalado.

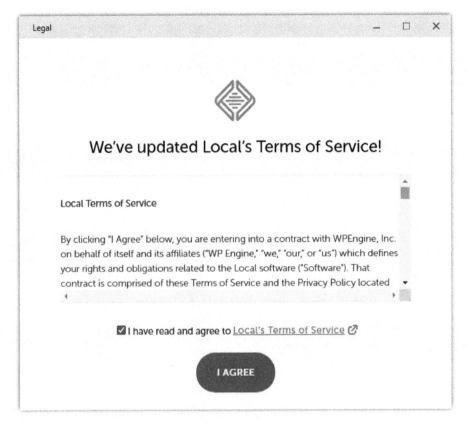

Acepte los términos y condiciones y haga clic en el botón **I AGREE**.

En la ventana emergente **Informe de errores**, haga clic en el botón **No**.

Local le pregunta si desea crear una cuenta. No es obligatorio. Haga clic en la **cruz blanca** de la parte superior derecha para pasar a la ventana siguiente (no haga clic en la cruz para salir del programa).

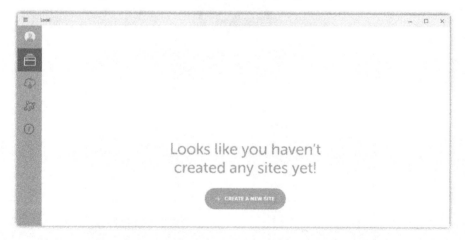

Desde esta ventana, puede instalar sitios de WordPress. Antes de hacerlo, cierre primero el programa LOCAL.

Puede hacerlo pulsando en la cruz de la parte superior derecha o desde el menú principal.

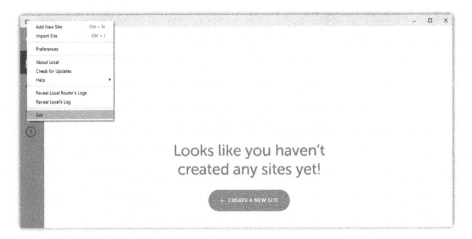

Vaya al **menú principal > Local > Salir** o utilice la combinación de teclas **Ctrl+Q**.

Consejo, en el futuro utilizarás LOCAL con frecuencia, por lo que es una buena idea crear un acceso directo en la barra de tareas o en el escritorio.

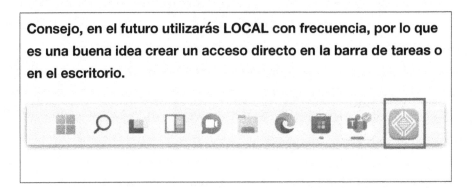

Iniciar LOCAL

Inicie el programa LOCAL. Vaya a **Inicio**. Local se encuentra en **Añadidos recientemente**, en la categoría **L** o utilice el **campo Buscar**.

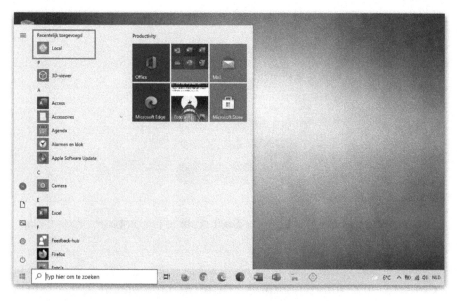

Una vez iniciado el programa, aparece una ventana LOCAL.

En segundo plano se activan **Apache**, **Php** y **MySQL**.

En el próximo capítulo *INSTALAR WORDPRESS*, continuará con el programa LOCAL.

Si quiere saber más sobre la configuración y características de LOCAL, vaya a *www.localwp.com*.

Si ha fallado la instalación LOCAL, utilice el programa MAMP.

Vaya a www.mamp.info.

1. Descargar **MAMP & MAMP PRO** - Windows.
2. Haga doble clic en el archivo **.exe** de la carpeta de descargas.
3. Siga el proceso de instalación.

Consejo, después de instalar MAMP, tendrás 2 programas *MAMP* y *MAMP PRO*.

Puedes utilizar MAMP de forma gratuita. Se encuentra en la carpeta **Apps > MAMP**. La versión Pro requiere una licencia. En el capítulo *Instalar WordPress manualmente con MAMP*, leerás cómo instalar WordPress.

INSTALAR WORDPRESS

Según WordPress.org:

WordPress es un software diseñado para todos, centrado en la accesibilidad, el rendimiento, la seguridad y la facilidad de uso. Creemos que un gran software debe funcionar con una configuración mínima, para que puedas centrarte en compartir tu historia, producto o servicios de forma gratuita. El software básico de WordPress es sencillo y predecible, lo que facilita los primeros pasos. También ofrece potentes funciones para el crecimiento y el éxito.

WordPress es un sistema de gestión de contenidos (CMS) de código abierto orientado a la creación de blogs. Debido a su fácil manejo e interfaz, su popularidad se ha disparado. WordPress es utilizado por el 43% de todos los sitios web de Internet. Entre todos los sistemas CMS de código abierto, WordPress es el número uno. En **WordPress.org** puede ver qué empresas e instituciones han elegido este sistema.

Las ventajas de WordPress son:

▸ Debido a su naturaleza no técnica, el sistema es rápido de entender y, por tanto, fácil de gestionar.
▸ WordPress se instala en cuestión de minutos.
▸ WordPress es relativamente estable y seguro.
▸ WordPress está en constante desarrollo.
▸ WordPress es fácil de actualizar a la última versión estable.
▸ La ampliación del sistema se realiza con la ayuda de plugins.
▸ En el momento de escribir estas líneas, hay 60.042 plugins disponibles.
▸ Hay miles de temas (plantillas) de WordPress disponibles.
▸ Un tema puede cambiarse rápidamente conservando el contenido.
▸ Con conocimientos de HTML y CSS, es posible crear tus propios temas de WordPress o adaptar un tema a tus propias necesidades.
▸ WordPress tiene una gran comunidad, por lo que es una gran fuente de conocimientos. Útil para preguntas y respuestas.

Desde enero de 2022, WordPress 5.9 ha sido lanzado. Esta versión trae mejoras en el Editor de Bloques, interacciones más intuitivas y mayor accesibilidad, entre otras. Esta versión introduce el primer tema Block llamado *Twenty Twenty-Two*.

WordPress se centra en la creación de un blog. Como diseñador web, hago poco uso de esta opción. En mi experiencia, los clientes están más interesados en tener un sitio web informativo creado en lugar de un sitio Blog. Pero, por supuesto, también muestro cómo funciona el componente de blogging.

En este libro, muestro de forma práctica cómo configurar rápidamente un sitio WordPress. Cómo crear un sitio estándar y cómo utilizar la función estándar de Blog.

WordPress en tu propio ordenador

Un sitio web WordPress puede instalarse en tu propio ordenador.
Así no dependes de un alojamiento web. Para ello, puede utilizar el programa **LOCAL** o **MAMP**, entre otros. Su uso es gratuito.

Dos métodos para instalar WordPress en su propio ordenador:

1. Una instalación **automática** de WordPress usando **LOCAL**.
2. Una instalación **manual** de WordPress usando **MAMP**.

Instalar WordPress automáticamente con LOCAL

Usando LOCAL, puede instalar WordPress rápida y fácilmente.
Las instrucciones de este libro son aplicables para Windows y MacOS.

Abra el programa **LOCAL**.

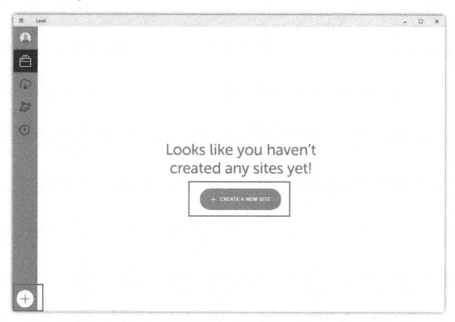

Haga clic en el botón **+ CREATE A NEW SITE** o en el icono + en la parte inferior izquierda de la ventana.

Nota. Durante el proceso de instalación, el sistema informático (Windows o Mac) puede pedir permiso si Local puede realizar cambios. En ese caso, dé siempre su permiso.

Sigue el procedimiento de instalación. A continuación, haga clic en el botón **CONTINUE**.

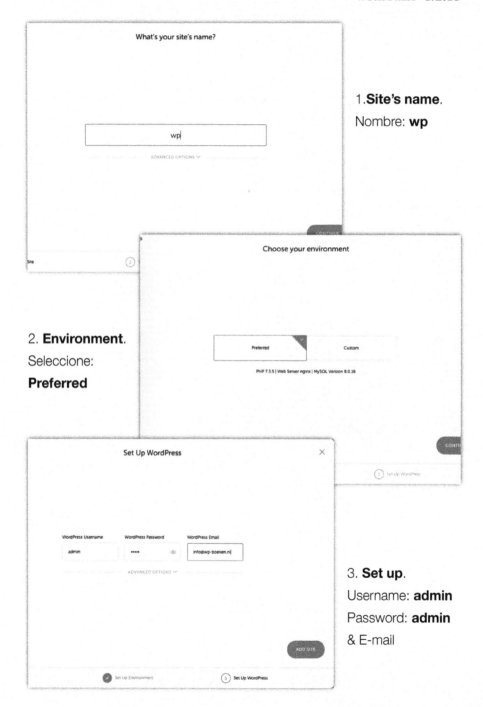

What's your site's name?

wp

ADVANCED OPTIONS ∨

1.**Site's name**.
Nombre: **wp**

Choose your environment

Preferred | Custom

PHP 7.3.5 | Web Server nginx | MySQL Version 8.0.16

2. **Environment**.
Seleccione:
Preferred

Set Up WordPress   ✕

WordPress Username | WordPress Password | WordPress Email
admin | ••••• | info@wp-boeken.nl

ADVANCED OPTIONS ∨

ADD SITE

✓ Set Up Environment   3 Set Up WordPress

3. **Set up**.
Username: **admin**
Password: **admin**
& E-mail

La razón por la que se eligió admin como nombre de usuario y contraseña es porque se trata de una instalación local. El sitio no está en línea y sólo se puede acceder por usted. Después de que el sitio se exporta a un host web (Internet), entonces es aconsejable cambiar el nombre de usuario y contraseña.

La instalación de WordPress lleva unos minutos.

Windows o Mac pueden pedir permiso para cambiar el sistema. En ese caso, haga siempre clic en **Sí** o en **Aceptar**.

A continuación verá la siguiente ventana. El nombre del sitio se muestra en la parte izquierda. Si ha instalado más sitios, verá una lista de nombres. Además, verá un resumen del sitio seleccionado.

En esta ventana verá: Un botón **STOP SITE** (arriba a la derecha) que se utiliza para activar o desactivar un sitio.

El **título** con un enlace debajo **~/Local Sites/wp >**.

Se refiere a una carpeta del lugar de instalación.

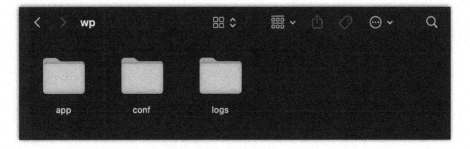

La carpeta **wp** se encuentra en la **carpeta de usuario** de Windows o MacOS. La carpeta **app > public** contiene los archivos del núcleo de WordPress.

Además, verás 3 pestañas: **OVERVIEW**, **DATABASE** y **TOOLS**.

Aquí encontrará información sobre el sitio y un enlace a la base de datos correspondiente.

El botón **OPEN SITE**, arriba a la derecha, le permite ver el sitio.

La URL del sitio es **wp.local**, una dirección local.

Esto indica que el sitio está instalado en su ordenador.

Desafortunadamente, LOCAL no le permite instalar un sitio WordPress en español. Después de la instalación, puede convertirlo fácilmente al español.

En el capítulo CONFIGURACIÓN BÁSICA, CONTENIDO Y AJUSTE se le presentará la sección de administración de WordPress y encontrará información sobre cómo cambiar el idioma del sitio al español.

El botón **ADMIN** le da acceso a la sección de administración.

La URL del área de administración es **wp.local/wp-admin**.

Puede instalar sitios WordPress tantas veces como desee.

Desde la lista de sitios, puede hacer clic con el botón derecho para **Clonar** (duplicar) sitios, **Guardar como Blueprint** (instalación inicial), entre otros, **Renombrar** y **Eliminar**.

Sugerencia: Cree un **Blueprint** de un sitio web después de haber cambiado el idioma del sitio al español.

Al crear un nuevo sitio, haga clic en **ADVANCED OPTIONS**. En **Create site from Blueprint?** elija un blueprint. A continuación, haga clic en el botón **CREATE SITE FROM BLUEPRINT**. No hay necesidad de editar el idioma del sitio después de eso.

Para obtener más información sobre los ajustes y funciones de LOCAL, visite *www.localwp.com*.

Instalación manual de WordPress con MAMP

Para aquellos que usan otro servidor web como **MAMP**, les mostraré cómo instalar WordPress. La instalación de WordPress con un alojamiento web también se puede hacer de forma automática o manual. Es aconsejable para los usuarios de LOCAL pasar por este método de instalación.

Inicie MAMP (no la versión PRO). A continuación, haga clic en el botón **Start**.

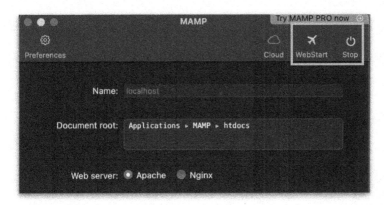

Abre la página de inicio de MAMP con el botón **WebStart**.

Crea una base de datos **MySQL**.
Esto se hace usando **Tools > phpMyAdmin**.

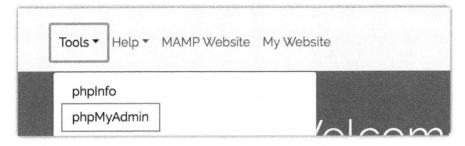

Aparecerá una ventana de phpMyAdmin.

1. La ventana **phpMyAdmin** le permite crear y gestionar una base de datos. Haga clic en la pestaña **Bases de datos**.

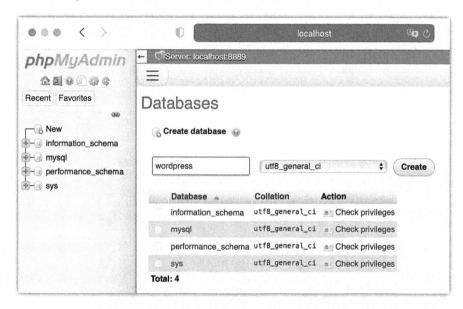

2. Vaya a **Crear nueva base de datos**.

Dé un nombre a la base de datos, por ejemplo **wordpress**.

Haga clic en el botón **Crear**.

¡Enhorabuena! Se ha creado una base de datos con el nombre **wordpress**. El nombre de la base de datos aparece a la izquierda en la ventana de arriba.

La primera parte está hecha. Ahora pasa a instalar WordPress.

1. Abra un navegador de Internet y vaya a **es.wordpress.org**.
   Descarga la última versión de WordPress.

Una vez finalizada la descarga, encontrará el archivo **.zip** en la carpeta **Descargas** (para Windows y MacOS).

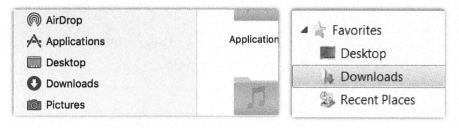

Extraiga el archivo **.zip**. Nota. Cambie el nombre del archivo extraído **wordpress** por **wp**.

2. Coloque la carpeta **wp** en la raíz de su servidor. Nota, no el archivo zip que descargaste. Para los usuarios de MAMP, esta es la carpeta **htdocs**.

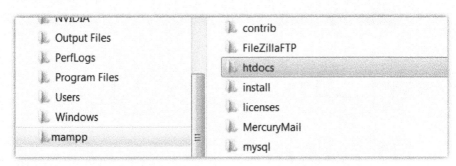

3. Abra la página de inicio de MAMP con **WebStart**. Haga clic en **My Website > wp**.

O abra un navegador de Internet y vaya a esta dirección:
URL: http://localhost:8888/wp

4. Aparecerá la siguiente ventana. Haga clic en **Crear archivo de configuración**. Si no ve esta ventana, vaya al paso siguiente.

5. WordPress indica que necesita tener la información a mano para continuar con la instalación. Esta información se indicará en los siguientes pasos.

Te damos la bienvenida a WordPress. Antes de empezar, tendrás que conocer los siguientes elementos.

1. Nombre de la base de datos
2. Usuario de la base de datos
3. Contraseña de la base de datos
4. Servidor de la base de datos
5. Prefijo de la tabla (si quieres ejecutar más de un WordPress en una sola base de datos)

Esta información está siendo usada para crear un archivo `wp-config.php`. **Si por alguna razón no funciona la creación automática de este archivo, no te preocupes. Todo lo que hace es rellenar la información de la base de datos en un archivo de configuración. También simplemente puedes abrir `wp-config-sample.php` en un editor de texto, rellenarlo con tu información y guardarlo como `wp-config.php`.** ¿Necesitas más ayuda? Lee el artículo de soporte sobre `wp-config.php`.

Lo más probable es que estos elementos te los haya facilitado tu proveedor de alojamiento web. Si no tienes esta información, tendrás que contactar con ellos antes de poder continuar. Si ya estás listo...

¡Vamos a ello!

Haz clic en **¡Vamos a ello!**

6. Verá la siguiente ventana.

En los campos de texto, utilice la misma información.

A continuación tendrás que introducir los detalles de tu conexión con la base de datos. Si no estás seguro de ellos, contacta con tu proveedor de alojamiento.

Nombre de la base de datos

wordpress

El nombre de la base de datos que quieres usar con WordPress.

Nombre de usuario

nombre_de_usuario

El nombre de usuario de tu base de datos.

Contraseña

contraseña   👁 Mostrar

La contraseña de tu base de datos.

Servidor de la base de datos

localhost

Si localhost no funciona, deberías poder obtener esta información de tu proveedor de alojamiento web.

Prefijo de tabla

wp_

Si quieres ejecutar varias instalaciones de WordPress en una sola base de datos cambia esto.

Enviar

Nombre de base de datos:	**wordpress**
Nombre de usuario:	**root** (para usuarios de MAMP)
Contraseña:	**root** (para usuarios de MAMP)
Host de base de datos:	**localhost**
Prefijo de tabla:	**123wp_** (nota, termina con guión bajo_)

Haga clic en **Enviar**.

Para los usuarios de MAMP, el nombre de usuario y contraseña por defecto de la base de datos es "root, root".

Un poco más sobre **Prefijo de tabla**. Es posible vincular dos sitios Wordpress a una base de datos. Por lo tanto, un Prefijo (prefijo) se utiliza durante la instalación. Gracias a un Prefijo, un sitio Wordpress puede obtener los datos correctos de la base de datos. El prefijo por defecto de WordPress es **wp_**.

Dado que esta configuración por defecto también es conocida por los hackers, es aconsejable cambiar el Prefijo **wp_**. Así que utilice un prefijo diferente, por ejemplo **123wp_** (Nota: utilice un guión bajo_ después).

7. Aparece una nueva ventana.

¡Muy bien! Ya has terminado esta parte de la instalación. Ahora WordPress puede comunicarse con tu base de datos. Si estás listo, es el momento de...

Realizar la instalación

Haga clic en **Realizar la instalación**.

8. Aparece la siguiente ventana.

Título del sitio:	Título de su sitio
Nombre de usuario:	admin
Contraseña:	admin
Confirmar contraseña	¡Comprobar!
Dirección de correo electrónico:	Dirección de correo electrónico
Motor de búsqueda... :	No activar todavía

Hola

¡Este es el famoso proceso de instalación de WordPress en cinco minutos! Simplemente completa la información siguiente y estarás a punto de usar la más enriquecedora y potente plataforma de publicación personal del mundo.

Información necesaria

Por favor, proporciona la siguiente información. No te preocupes, siempre podrás cambiar estos ajustes más tarde.

Título del sitio

Nombre de usuario

Los nombres de usuario pueden tener únicamente caracteres alfanuméricos, espacios, guiones bajos, guiones medios, puntos y el símbolo @.

Contraseña

`lIaMYvj7Zf02naH)AG`   👁 Ocultar

Fuerte

Importante: Necesitas esta contraseña para acceder. Por favor, guárdala en un lugar seguro.

Tu correo electrónico

Comprueba bien tu dirección de correo electrónico antes de continuar.

Visibilidad en los motores de búsqueda

☐ Pedir a los motores de búsqueda que no indexen este sitio

Depende de los motores de búsqueda atender esta petición o no.

Instalar WordPress

9. A continuación, haga clic en **Instalar WordPress**.

10. Enhorabuena. WordPress está instalado. Haga clic en **Acceder**.

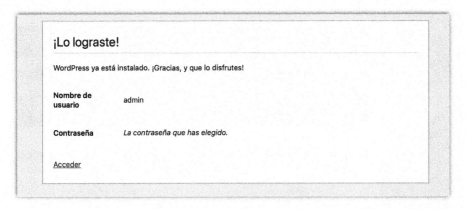

11. Utilice **admin** como nombre de usuario y contraseña y haga clic en **Iniciar sesión**.

12. Usted está ahora en el back end de wordpress.

En el próximo capítulo *CONFIGURACIÓN WORDPRESS*, continuará con el sistema.

13. **Visitar el sitio**, ir arriba a la izquierda. O abre una nueva ventana del navegador y utiliza la dirección que aparece a continuación (por supuesto, su servidor debe seguir activo). URL: http://localhost:8888/wp.

14. Vaya a **Hola, admin** (arriba a la derecha) y elige **Salir**.

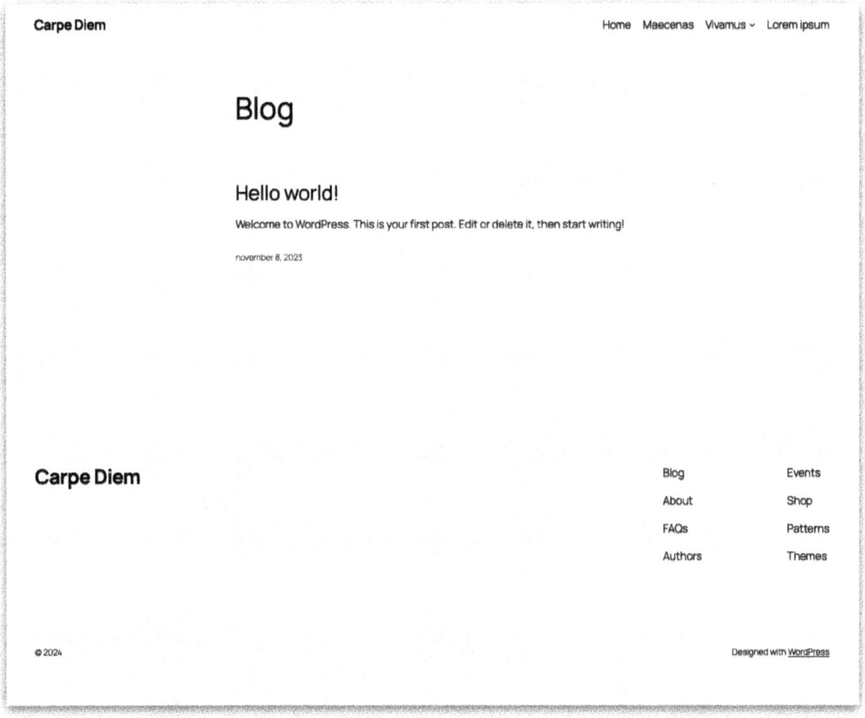

Carpe Diem

Home   Maecenas   Vivamus ⌄   Lorem ipsum

Blog

Hello world!

Welcome to WordPress. This is your first post. Edit or delete it, then start writing!

november 8, 2023

Carpe Diem

Blog	Events
About	Shop
FAQs	Patterns
Authors	Themes

© 2024

Designed with WordPress

INSTALAR WORDPRESS EN INTERNET

La instalación de WordPress en Internet se realiza exactamente de la misma manera que una instalación de WordPress en su propio ordenador (Véase el capítulo: Instalación de WordPress). Por supuesto, para una instalación en línea, necesita un **nombre de dominio** y **espacio en el servidor**. Puede solicitarlos a un proveedor de alojamiento web.

El requisito previo para una instalación de WordPress en línea es que su alojamiento web disponga de **PHP** (versión 7.4 o superior) y **MySQL** (versión 8.0 o superior). ¿Tienes un host adecuado? Entonces puedes empezar enseguida. ¿Aún no tiene dominio ni alojamiento? Entonces vaya, por ejemplo, a **ionos.com**.

IONOS

Tras contratar un nombre de dominio y alojamiento web, recibirá los datos necesarios. ¿No sabe si se le ha creado una base de datos? ¿No sabe cómo hacerlo? Entonces ponte en contacto con tu proveedor de alojamiento web. Explícale que quieres instalar un sitio WordPress y que te gustaría saber lo siguiente:

- ¿Puedo instalar Wordpress con un instalador de aplicaciones?
- Si no es así, ¿hay una base de datos disponible y con qué nombre?
- ¿Cuál es el nombre de usuario de mi base de datos?
- ¿Cuál es la contraseña de mi base de datos?
- ¿Cómo accedo a phpMyAdmin?

Lo que es difícil para una instalación de WordPress en línea es crear una **base de datos** y encontrar **phpMyAdmin**. Usando LOCAL o MAMP, esto no es un problema, pero cuando quieres crear una base de datos online, dependes de tu proveedor de alojamiento web.

La mayoría de los alojamientos web tienen amplia documentación sobre la gestión de bases de datos, pero un contacto personal siempre es más rápido.

El alojamiento de bases de datos no significa necesariamente que ya se haya creado una base de datos para usted. Es posible que su proveedor de alojamiento ya haya creado una base de datos. En otros casos, tendrá que crearla usted mismo.

En las siguientes secciones, describo dos métodos de instalación:

Instalación de Wordpress **CON** app instalador. **Método 1**.
Instalación de Wordpress **SIN** app instalador. **Método 2**.

En el capítulo MIGRACIÓN DE UN SITIO LOCAL A INTERNET, describo cómo transferir un sitio WordPress de su ordenador a Internet. Es decir, de un entorno **local** a un entorno **remoto**.

Instalación de WordPress con un instalador, método 1

La mayoría de los alojamientos web disponen de un panel de control con un instalador de aplicaciones. Se trata de una parte del panel de control que permite instalar un sistema CMS como WordPress en cuestión de minutos y sin necesidad de conocimientos técnicos.

1. Acceda a su cuenta **IONOS** y haga clic en **Menu > Websites & Stores**.

2. A continuación, haga clic en **Popular open source solutions**.

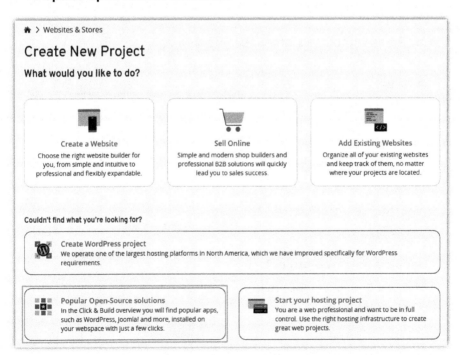

3. En la página **Click & Build Overview** encontrarás una lista de las aplicaciones disponibles. Vaya a **WordPress** y haga clic en **Instalar**.

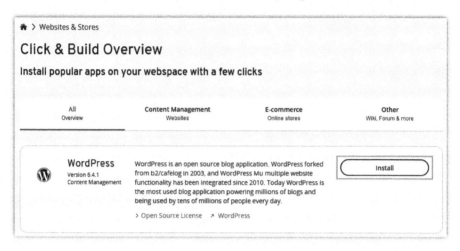

4. A continuación, haga clic en **Manage WordPress yourself**.

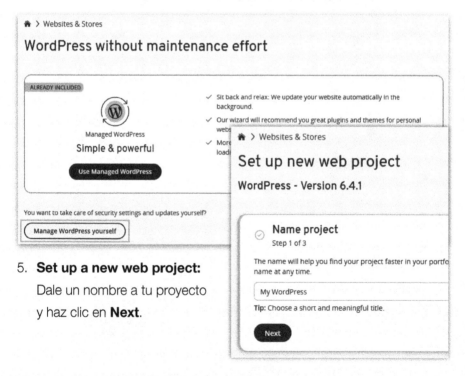

5. **Set up a new web project:** Dale un nombre a tu proyecto y haz clic en **Next**.

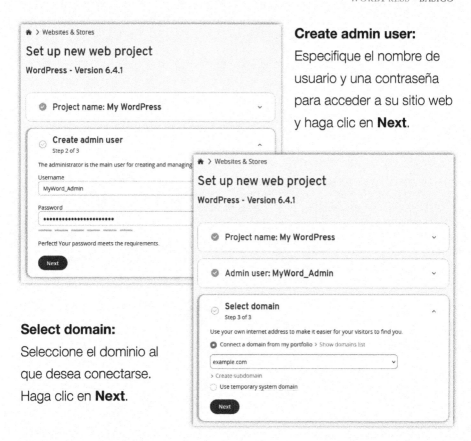

Create admin user:
Especifique el nombre de usuario y una contraseña para acceder a su sitio web y haga clic en **Next**.

Select domain:
Seleccione el dominio al que desea conectarse. Haga clic en **Next**.

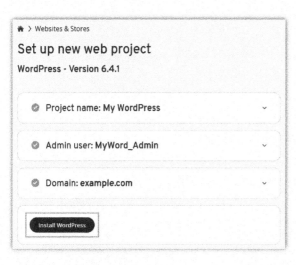

Inicie la instalación, haga clic en **Install Word-Press**.

En cuanto finalice la instalación, recibirás una notificación por correo electrónico.

Instalación de WordPress sin instalador, método 2

Su proveedor de alojamiento web le ha enviado los siguientes datos.

```
Información técnica para http://www.website.com

WWW:
Dirección de la página de inicio: http://www.website.com

PANTALLA DE CONFIGURACIÓN:
Administración:          https://www.website.com:8443
Nombre de usuario:       your_website.com
Contraseña:              1abCdeFg

FTP:
Para transferir su sitio web a nuestro servidor, necesi-
tará un programa FTP.

Alojamiento:             ftp.su_sitio.com
Nombre de usuario:       your_username
Contraseña:              2abCdeFg

CORREO ELECTRÓNICO:
Servidor POP3: pop.your_website.com
Servidor SMTP: http://www.your_host.com/n5
Correo web: http://www.your_host.com

ESTADÍSTICAS:
Dirección: https://www.your_host.com/st
Nombre de usuario: your_website.com
Contraseña: 3abCdeFg
```

En este caso, primero debe crear una **base de datos**. A continuación, **instale** Wordpress. La base de datos se crea mediante una **ventana de configuración**. (También es posible que su proveedor de alojamiento web ya haya creado una base de datos. En ese caso, el nombre de la base de datos, el nombre de usuario de la base de datos y la contraseña son conocidos por usted).

Los datos importantes del alojamiento web son:

▸ Detalles **FTP**.

▸ Ventana de configuración: página de gestión desde la que puede gestionar usted mismo los asuntos relacionados con el sitio, como la gestión de direcciones de correo electrónico y la creación de bases de datos. A veces se denomina **panel de control**.

A continuación verá una ventana de configuración llamada **Plesk**.

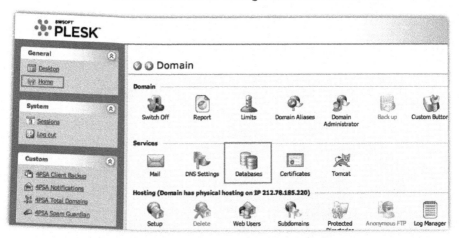

La creación de una base de datos puede variar de un alojamiento web a otro. La conclusión es que tienes que crear una base de datos tú mismo desde una **ventana de configuración**. El objetivo es que busques un **icono de base de datos** desde un panel de control. Cuando lo encuentre, creará una base de datos. Normalmente, un enlace a phpMyAdmin estará activado y visible. Asumiendo un entorno Plesk, explicaré cómo crear una base de datos.

¿Su proveedor de alojamiento web no utiliza Plesk? Entonces el método descrito al menos le da una idea de lo que debe tener en cuenta. Los pasos para crear una base de datos son más o menos los mismos.

1. Abra un navegador y vaya a la URL (enlace) de su **ventana de configuración**. Inicia sesión con los datos de tu host web.

2. Haga clic en **Inicio**, luego en su **nombre de dominio** y, por último, en **Bases de datos**.

3. En esta ventana, haga clic en **Añadir nueva base de datos**.

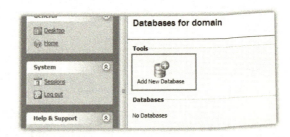

4. En **Nombre de base de datos**: especifique el nombre de la base de datos que desee. Escriba = **MySQL**. A continuación, pulse **OK**.

5. Vuelva a crear un usuario de base de datos haciendo clic en **Añadir nuevo usuario de base de datos**.

6. En **Nombre de usuario de la base de datos**: introduzca un nombre de usuario. Introduzca una contraseña en **Nueva contraseña** y **Confirmar contraseña**.
Pulse **OK**.

7. Su base de datos ha sido creada. Haga clic en: **DB WebAdmin**

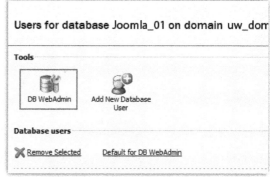

Verás un panel **php-MyAdmin** en una nueva ventana.

8. Ya puedes desconectarte.

9. Instala WordPress.

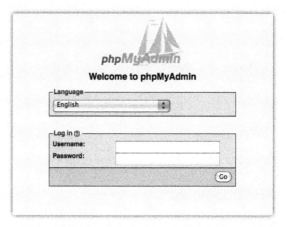

Puede seguir todos los pasos de instalación del 1 al 11 aquí.
Por supuesto, debe utilizar sus propios datos de base de datos al hacer esto.

Son importantes para usted los siguientes datos:

▸ Datos FTP.

▸ Datos MySQL.

▸ Dirección URL de phpMyAdmin.

Proceda del siguiente modo: **Descargue** la última versión de WordPress. **Suba** el **contenido** descomprimido de esta carpeta directamente a la raíz de su servidor. Para ello, utilice un programa FTP.

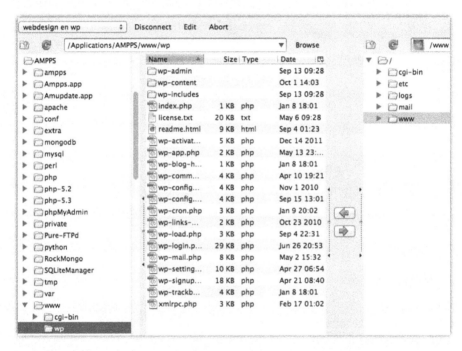

Una vez cargado el contenido de WordPress en su alojamiento web, puede empezar a instalar el sitio.

1. Abra un navegador y vaya a **http://www.your-website.com/wp-admin**.

2. Aparecerá la siguiente ventana. Pulse el botón **Crear archivo de configuración**.

There doesn't seem to be a wp-config.php file. I need this before we can get started.

Need more help? We got it.

You can create a wp-config.php file through a web interface, but this doesn't work for all server setups. The safest way is to manually create the file.

Create a Configuration File

3. WordPress indica que debe tener información a mano para continuar con la instalación. Esta información se indicará en los siguientes pasos. Haga clic en ¡**Vamos a ello!**.

Te damos la bienvenida a WordPress. Antes de empezar, tendrás que conocer los siguientes elementos.

1. Nombre de la base de datos
2. Usuario de la base de datos
3. Contraseña de la base de datos
4. Servidor de la base de datos
5. Prefijo de la tabla (si quieres ejecutar más de un WordPress en una sola base de datos)

Esta información está siendo usada para crear un archivo wp-config.php. **Si por alguna razón no funciona la creación automática de este archivo, no te preocupes. Todo lo que hace es rellenar la información de la base de datos en un archivo de configuración. También simplemente puedes abrir wp-config-sample.php en un editor de texto, rellenarlo con tu información y guardarlo como wp-config.php.** ¿Necesitas más ayuda? Lee el artículo de soporte sobre wp-config.php.

Lo más probable es que estos elementos te los haya facilitado tu proveedor de alojamiento web. Si no tienes esta información, tendrás que contactar con ellos antes de poder continuar. Si ya estás listo...

¡Vamos a ello!

4. Verás la ventana de abajo. Utilice los datos de su proveedor de alojamiento.

A continuación tendrás que introducir los detalles de tu conexión con la base de datos. Si no estás seguro de ellos, contacta con tu proveedor de alojamiento.

Nombre de la base de datos

wordpress

El nombre de la base de datos que quieres usar con WordPress.

Nombre de usuario

nombre_de_usuario

El nombre de usuario de tu base de datos.

Contraseña

contraseña   👁 Mostrar

La contraseña de tu base de datos.

Servidor de la base de datos

localhost

Si localhost no funciona, deberías poder obtener esta información de tu proveedor de alojamiento web.

Prefijo de tabla

wp_

Si quieres ejecutar varias instalaciones de WordPress en una sola base de datos cambia esto.

Enviar

Nombre de la base de datos: Nombre_base_de_datos

Nombre de usuario: Nombre de usuario_base_de_datos

Contraseña: Contraseña_base_de_datos

Nombre del host: Localhost

Prefijo de la tabla: Por ejemplo 123wp_ (nota con guión bajo_)

Haga clic en **Enviar**.

Prefijo de la tabla: Es posible vincular varios sitios Wordpress a una base de datos. Por eso se utiliza un prefijo. Se recomienda cambiar el prefijo **wp_**. Esto es conocido por los hackers, por ejemplo, utilizar **123wp_** o algo similar (Nota: terminar con un guión bajo_).

5. Aparecerá una nueva ventana. Haga clic en **Realizar la instalación**.

¡Muy bien! Ya has terminado esta parte de la instalación. Ahora WordPress puede comunicarse con tu base de datos. Si estás listo, es el momento de...

Realizar la instalación

6. Aparecerá la siguiente ventana. Introduzca los datos solicitados:

Título del sitio: Título de su sitio

Nombre de usuario: Admin

Contraseña: Admin

Dirección de correo electrónico: Dirección de correo electrónico

Motor de búsqueda... :   No activar todavía

Hola

¡Este es el famoso proceso de instalación de WordPress en cinco minutos! Simplemente completa la información siguiente y estarás a punto de usar la más enriquecedora y potente plataforma de publicación personal del mundo.

Información necesaria

Por favor, proporciona la siguiente información. No te preocupes, siempre podrás cambiar estos ajustes más tarde.

Título del sitio

Nombre de usuario

Los nombres de usuario pueden tener únicamente caracteres alfanuméricos, espacios, guiones bajos, guiones medios, puntos y el símbolo @.

Contraseña   lIaMYvj7ZfO2naH)AG   🚫 Ocultar

Fuerte

Importante: Necesitas esta contraseña para acceder. Por favor, guárdala en un lugar seguro.

Tu correo electrónico

Comprueba bien tu dirección de correo electrónico antes de continuar.

Visibilidad en los motores de búsqueda   ☐ Pedir a los motores de búsqueda que no indexen este sitio

Depende de los motores de búsqueda atender esta petición o no.

Instalar WordPress

7. A continuación, haga clic en **Instalar WordPress**.

8. Enhorabuena. WordPress está instalado. Haga clic en **Iniciar sesión** para configurar y aprovisionar el sitio.

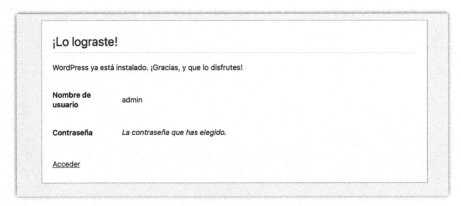

9. **Visitar el sitio**, ir arriba a la izquierda.

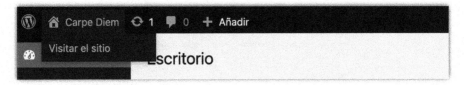

10. Vaya a **Hola, admin** (arriba a la derecha) y elige **Salir**.

Puede acceder a **phpMyAdmin** utilizando las credenciales de su host web:

phpMyAdmin:	http://phpMyAdmin.website.com
Nombre de usuario:	your_phpMyAdmin_username
Contraseña:	your_phpMyAdmin_password

AJUSTES BÁSICOS, CONTENIDO Y PERSONALIZACIÓN

Añadir contenido y personalizar un sitio WordPress te dará una idea clara de cómo interactuar con este sistema.

En este capítulo, muestro los siguientes componentes:

▸ Visualización del sitio.

▸ **Actualizar** un sitio WordPress.

▸ Instalación del tema **Twenty Twenty-One**.

▸ Personalizar el **título** y la **descripción** del sitio.

▸ Personalizar el **idioma** del sitio.

▸ Crear contenido para el sitio. **Entradas** y **Páginas**.

▸ Creación de una nueva **página de inicio**.

▸ Creación de un **menú**.

▸ Uso de una **biblioteca multimedia**.

▸ Insertar una **imagen**.

▸ Personalizar y crear una **Categoría**.

▸ Añadir **widgets** al sitio.

▸ Personalización de la información del **pie de página**.

▸ Añadir **usuarios**.

Atención Este libro utiliza WordPress **6.4** y el tema **Twenty Twenty-One**.

Después de una instalación de WordPress, verá el tema por defecto **Twenty Twenty-Four**. Con esto, WordPress quiere introducir una nueva característica llamada **Full Site Editing**. Esto hace que sea posible modificar un **tema de bloque** visualmente.

En WordPress, puede utilizar un **tema clásico** y un **tema en bloque**.

Dado que los **temas clásicos** (más de 22.000) superan en número a los **temas de bloque** (más de 500), este libro utiliza el tema **Twenty Twenty-One** para comprender mejor WordPress.

Puede encontrar más información sobre los temas en bloque en el capítulo **BLOCK THEME** y en el libro *WordPress Block Theme*.

En la capítulo *Instalar el tema Twenty Twenty-One*, vas a reemplazar el tema Block.

WordPress front-end

Vas a ver la parte frontal (front end) de WordPress. Si tiene WordPress instalado en Internet, abra un navegador y vaya a su sitio web. Si tiene WordPress instalado en su ordenador, inicie **LOCAL** o **MAMP**.

Desde la ventana de inicio **LOCAL**, haga clic en **OPEN SITE** del sitio web **wp**.

En la página de inicio de **MAMP**, haga clic en **My Website > wp**.

En esta ventana, se llega a ver todas las carpetas que se encuentran en la carpeta raíz **MAMP** Haga clic en la carpeta **wp/** y el sitio se abre en un navegador.

Usted ve un sitio de WordPress con el tema por defecto **Twenty Twenty-Four**. Después de activar el tema **Twenty Twenty-One**, se llega a ver lo siguiente.

CARPE DIEM

¡Hola, mundo!

Te damos la bienvenida a WordPress. Esta es tu primera entrada.
Edítala o bórrala, ¡luego empieza a escribir!

Publicada el 25 de enero de 2024. Editar
Categorizado como Sin categoría

Buscar

Buscar

Entradas recientes

¡Hola, mundo!

Comentarios recientes

Un comentarista de WordPress en ¡Hola,
mundo!

Archivos

enero 2024

Categorías

Sin categoría

CARPE DIEM

Funciona gracias a WordPress.

▸ Título del sitio y Descripción del sitio (arriba).
▸ Navegación (arriba a la derecha, aún no activada).
▸ Entrada del blog titulada "¡Hola mundo!".
▸ Widgets: Búsqueda, Entradas más recientes y Comentarios recientes.
▸ Pie de página (abajo).

Tu proveedor de alojamiento web decide si puedes ver un sitio **con** o **sin** widgets. Los widgets son elementos del sitio como un campo de búsqueda, un archivo, etc. En la capítulo *Widgets*, te mostraré cómo añadir o eliminar elementos.

El tema *Twenty Twenty-One* es apto para todo tipo de ventanas. Apto para ventanas de ordenador, tableta y smartphone. Un diseño que se adapta al tamaño de la ventana del dispositivo.

Esta técnica se denomina **Responsive Design**. El sitio estándar muestra lo que es posible con WordPress. Usted puede comenzar de inmediato.

Como puede ver, el enfoque de un sitio WordPress estándar es la creación de un weblog. Un administrador puede utilizar WordPress para publicar Entradas a las que los lectores pueden responder. Además de crear un weblog, también puede crear y administrar Páginas informativas. Esto último es lo que hacen muchos otros sistemas CMS.

Como diseñador web, los clientes me piden principalmente que cree sitios WordPress informativos. El blog suele tener una importancia secundaria.

En el próximo capítulo, le mostraré cómo personalizar, añadir o desactivar ciertas secciones en WordPress. Además, muestro cómo crear un Menú de Navegación para Entradas o Páginas.

WordPress backend

En este capítulo, vamos a echar un vistazo más de cerca a la "parte de atrás" (backend) de WordPress.

Abra un navegador de Internet y utilice la siguiente dirección
http://wp.local/wp-login.php (LOCAL)
http://localhost:8888/wp/wp-login.php (MAMP)
http://www.tu_sitio_web.es/wp-login.php (Internet)

Usando **wp-login.php** accederás al backend. Es útil recordar **wp-login.php** en caso de que no utilices un enlace de inicio de sesión.

Al iniciar sesión, verá lo siguiente:

▸ Utilice las credenciales de inicio de sesión:
▸ Nombre de usuario = p. ej. **admin**
▸ Contraseña = ej. **admin**
▸ Haga clic en **iniciar sesión**

¡Te damos la bienvenida a WordPress!

Ahora estamos en el **backend** del sistema. Verá una página de inicio con información general. El sistema llama a esta página **Escritorio**. Desde esta ventana, se le mantendrá al tanto de las últimas novedades.

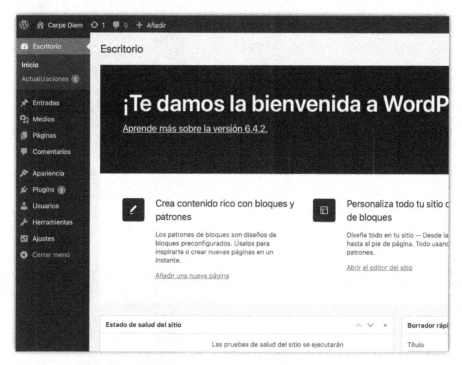

La parte más importante de la página está a la izquierda. La columna negra que contiene las opciones necesarias para personalizar el sistema y dotar al sitio de la información necesaria. Este es el **menú** de WordPress.

Si desea salir, vaya a **Hola, admin** (arriba a la derecha) y elija **Salir**.

Escritorio

El menú de WordPress se llama **Escritorio**. Este menú se divide en tres bloques.

Bloque 1:
El botón **Inicio** y **Actualizaciones**.

Bloque 2:
Una serie de opciones de menú que le permiten añadir contenido al sistema como: **Entradas**, **Medios**, **Páginas** y **Comentarios**.

Bloque 3:
Una serie de opciones de menú que le permiten personalizar o configurar el sistema, tales como: **Apariencia**, **Plugins**, **Usuarios**, **Herramientas** y **Ajustes**.

Actualizaciones de WordPress

Después de instalar WordPress, se recomienda **actualizar** el sistema. Esto hace que
el sistema sea menos susceptible a los hackers. No sólo se actualiza el **Sistema**, también se actualizan los **Plugins** y los **Temas**.

En el menú (véase la imagen de la derecha),
un número que aparece junto a la palabra
Actualizaciones indica el número de actualizaciones. El **número** que aparece junto a
Plugins indica el número de actualizaciones
de plugins.

Haga clic en **Actualizaciones**.
Verá la siguiente ventana:

Si hay disponible una nueva versión de WordPress, haga clic en el botón: **Actualizar** WordPress. A partir de la versión 3.7, el sistema se actualiza automáticamente.

Si hay nuevos plugins disponibles que el sistema está utilizando actualmente, especifique primero qué plugin desea actualizar.
A continuación, haga clic en el botón **Actualizar Plugins**.

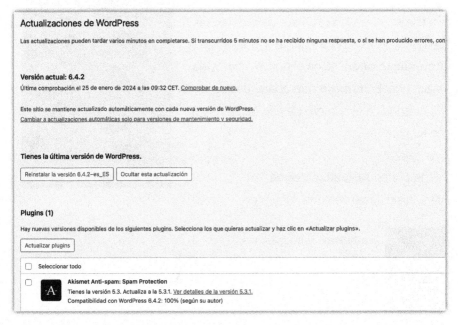

Lo mismo se aplica, por supuesto, a la actualización de los **temas**. Se recomiendan actualizaciones periódicas. Esto hace que el sistema sea menos susceptible a los hackers. Se eliminan los errores del sistema y se añaden nuevas extensiones del sistema.

Instalar el tema Twenty Twenty-One

Vaya a **Escritorio > Apariencia > Temas**.

Haz clic en el botón **Añadir nuevo tema**.

En el campo de búsqueda, escribe **Twenty Twenty one**.

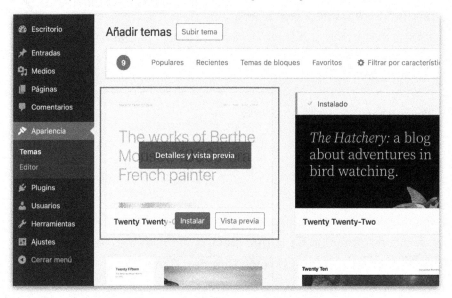

A continuación, haga clic en el botón **Instalar** y **activar**.

Encontrará más información sobre cómo trabajar con un tema en bloque en el capítulo *Tema en bloque*.

Título y subtítulo del sitio

Después de iniciar sesión, vaya al siguiente menú:

Escritorio > Ajustes > Generales.

Desde esta ventana, puede dar al sitio un **Título** y un **Descripción corta**.

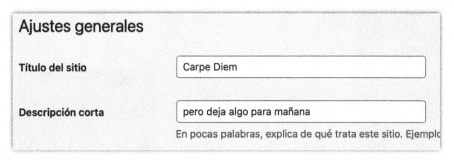

Como puede ver más abajo en la ventana, puede editar más información, incluida una **dirección de correo electrónico** para fines de gestión. A continuación, haga clic en el botón **Guardar Cambios**.

Cambiar el idioma del sitio

Convertir un sistema WordPress en inglés a español:

Escritorio > Ajustes > Generales.

En **Idioma del sitio**, seleccione su idioma.

A continuación, haga clic en el botón **Guardar Cambios**.

Enlaces permanentes

Permalinks en WordPress determina cómo se verá su URL (enlace). Esto se puede ver en la barra de direcciones de su navegador. Después de una instalación por defecto, se suele utilizar una configuración de Permalink por **defecto**.

Si desea saber qué configuración se utiliza, vaya a
Escritorio > Ajustes > Enlaces permanentes.
WordPress permite crear una estructura de URL personalizada para los enlaces permanentes y los archivos.

Lo más probable es que se haya activado el Permalink **Simple**. Con esto, la URL de una nueva Página o Entrada obtiene una adición como **/?p=123** incorporada en la dirección. Es mejor que el **título** de un entrada o página se incluya en esto. Esto es claro para un usuario, sino también a los motores de búsqueda.

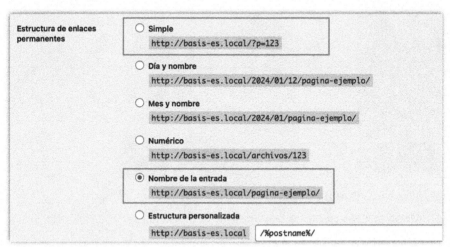

Si desea que el título se incluya en una URL, elija **Nombre de la entrada** como Permalink. Después, no olvides guardar el cambio.

Nombre público

Después de instalar un sitio de WordPress, un **nombre de usuario** también se utiliza como un **nombre público**. Un nombre público se muestra en el sitio web. Esto se puede ver en el **escritorio**, así como en un entrada publicado.

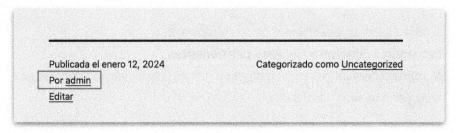

Esto revela la mitad de los datos de acceso.

Afortunadamente, puede cambiar esto.

Vaya a **Escritorio > Usuarios**.

Sustituya **nombre de usuario** *admin* por, por ejemplo, *Blogger*.

En **Mostrar este nombre públicamente** como seleccione - *Blogger*.

Por supuesto, el nombre de usuario no cambia.

A continuación, pulse el botón **Actualizar perfil**.

Ver el sitio

Para ver el resultado del sitio, vaya a la barra de menú negra situada en la parte superior izquierda de la ventana:

Título del sitio (Carpe Diem) > Ver sitio.

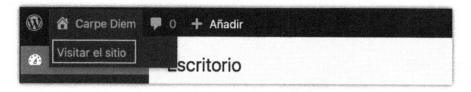

Para volver al Escritorio, diríjase de nuevo a la barra de menú negra situada en la parte superior izquierda de la ventana:

Título del sitio (Carpe Diem) > Escritorio.

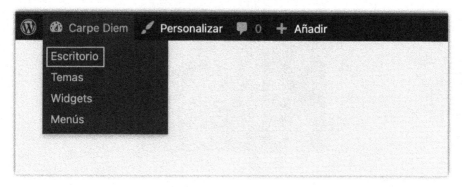

ENTRADAS Y PÁGINAS

En WordPress, puedes crear **Entradas** y **Páginas**. ¿Cuál es la diferencia? Las **entradas** son noticias a las que los visitantes pueden responder. Las entradas se almacenan cronológicamente. También es posible categorizar las entradas.

La página de inicio del sitio web comienza con un **¡Hola Mundo!** Las entradas se muestran una debajo de otra, con la más reciente en la parte superior. Las entradas se archivan por meses o por categorías. Utilizando un widget de categoría, se pueden encontrar rápidamente.

Las **páginas** contienen información general (las conocidas páginas de quién, qué y dónde). No se almacenan cronológicamente como las Entradas.

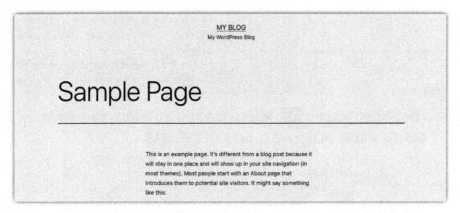

Desde WordPress, también es posible que los visitantes comenten las páginas. Esto se hace a través de un campo de comentario (es opcional). No es posible categorizar las Páginas en WordPress. Un menú (aún no activado) permite acceder a las Páginas.

Añadir una nueva entrada

Usted publica un entrada de la siguiente manera:

1. Vaya a **Escritorio > Entradas**.
2. Haga clic en **Añadir una nueva entrada**.
3. Escriba un título y un texto para el **entrada**.
   Utilice **Opciones** (3 puntos) para eliminar el bloque.

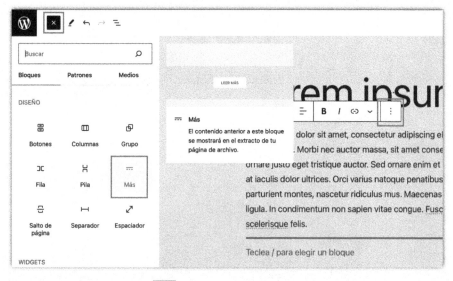

4. Haga clic en el icono ➕ de la parte superior izquierda y seleccione **Diseño > Más**. Aparecerá un bloque LEER MÁS.

5. En el bloque **LEER MÁS**, haz clic en en **Opciones > Añadir después** o en el icono ➕ para añadir un segundo bloque de **párrafo**.

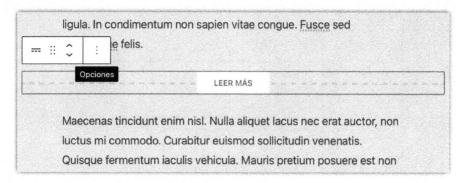

6. A continuación, pulse el botón **Publicar**.

7. Haz clic en el icono de WordPress (**W** en la parte superior izquierda) y visualiza el sitio. Como puedes ver, el último entrada está en la parte superior de la página de inicio.

En este caso, el segundo entrada muestra el primer párrafo.

Haga clic en **Seguir leyendo**.

Ahora verá el entrada completo con un formulario de comentarios debajo.

Antes de **publicar** un entrada, hay otras opciones que puedes utilizar.

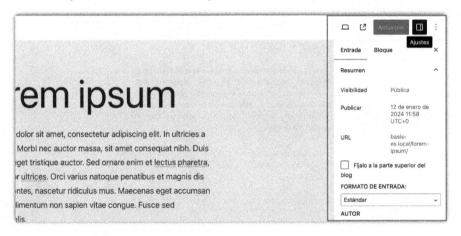

En la pestaña **Entrada** (arriba a la derecha), aparecen varias opciones. Si selecciona un párrafo, las opciones de **Bloque** se hacen visibles. La página siguiente muestra un resumen de todas las opciones de Entrada.

Establecer la imagen destacada

IIncluya una imagen que represente el contenido de la entrada.

Añade un extracto...

Proporcione un breve resumen del contenido de la entrada.

Estado

Seleccione el estado y la visibilidad de la entrada.

Publicar

Fije la fecha de publicación.

Enlace

Personaliza la última parte de la URL.

Autor

Seleccione el autor de la entrada

Comentarios

Activa o desactiva los comentarios y trackbacks para la entrada.

Formato

Le permite mostrar un mensaje de forma diferente. Esto depende del tema.

Mover a la papelera

Mueve la entrada a la papelera.

Categorías

Organice las entradas en categorías para facilitar la navegación.

Etiquetas

Añade etiquetas para ayudar a los usuarios y a los motores de búsqueda a encontrar la entrada.

Puede leer cómo desactivar el formulario de respuesta para todas las nuevas entradas en la capítulo *Desactivar formulario de respuesta*.

BLOCK-EDITOR

La versión 5.0 de WordPress (noviembre de 2018) utiliza un nuevo editor llamado Gutenberg. Como viste en la capítulo *Crear una entrada*, puedes insertar directamente un título y texto en una entrada.

Puedes editar un bloque seleccionando primero un bloque, como un párrafo. En la columna de la derecha, se activa la pestaña **Bloque**.

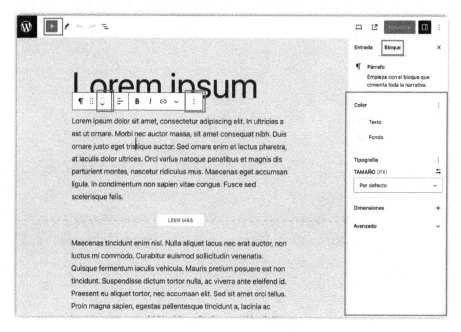

Mediante las Opciones de bloque disponibles, puede personalizar las propiedades en función del tipo de bloque.

Con **Opciones** (3 puntos) es posible, entre otras cosas, eliminar el bloque. El icono de la **flecha** permite cambiar el orden.

Haciendo clic en el icono **+** , puede añadir **Bloques** o **Patrones**.

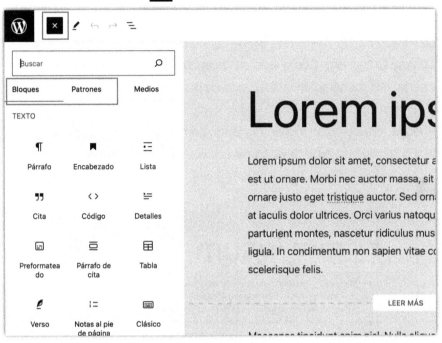

Los elementos de bloque son componentes como texto, imágenes, leer más, botones, vídeo, música, widgets, tablas, etc. Puede encontrarlos en las categorías **Texto**, **Medios**, **Diseño**, **Widgets**, **Tema** e **Incrustados**. Desplácese por la ventana de Bloques para ver qué más hay disponible. Se pueden utilizar plugins para añadir elementos de bloque adicionales.

Puede utilizar **Patrones** para dar formato rápidamente a una página. Un patrón es una combinación de diferentes elementos de bloque.

Con la **Block Based Editing**, el usuario tiene más libertad para dar formato a una página. En la capítulo *Colocar imagen*, muestro cómo alinear una imagen en relación con el texto.

Añadir una página

De la siguiente manera, cree una página.

1. Vaya a **Escritorio > Páginas**.
2. Haga clic en **Añadir una nueva página**.
3. Dé un **título** y un **texto** a la nueva página.

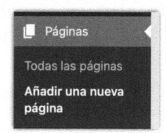

4. Haga clic en **Publicar** (2x) y, a continuación, en el botón **Ver la página**.

Haga clic en **Editar página** para volver atrás.

Haremos la creación de un menú de navegación más tarde.

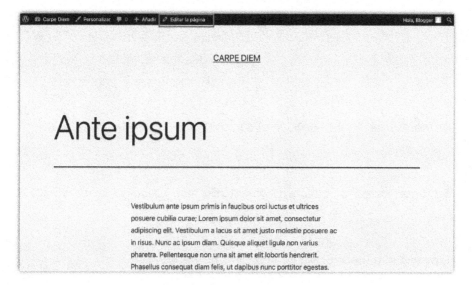

Haz clic en la pestaña **Página**. Al igual que en Entradas, encontrará opciones específicas para cada página.

Establecer imagen destacada, incluye una imagen que represente el contenido de la página.

Estado, aquí puedes establecer las opciones de publicación.

Publicar, establece la fecha de publicación.

Enlace, el título se incluye automáticamente en la última parte de la URL.

Autor, seleccione el autor.

Plantilla, según el tema. Permite elegir un diseño específico (por ejemplo, con barras laterales o página de inicio).

Comentarios, en esta sección puede configurar los ajustes para los comentarios.

Superior, especifica bajo qué elemento del menú debe colocarse la página.

Mover a la papelera, mueve la página a la papelera.

Crear un enlace

Una parte importante de un sitio web es que puedes crear enlaces a sitios web y páginas internas o entradas. Abra una página o un entrada y **seleccione el texto**. A continuación, haz clic en el icono de **Enlace** del editor de bloques. Introduce una **URL** en el campo y pulsa la tecla **Intro**.

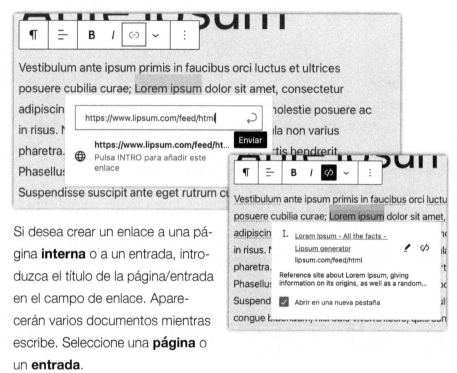

Si desea crear un enlace a una página **interna** o a un entrada, introduzca el título de la página/entrada en el campo de enlace. Aparecerán varios documentos mientras escribe. Seleccione una **página** o un **entrada**.

En este caso, la opción **Abrir en una nueva pestaña** no está activada. Seleccione el enlace y modifíquelo para utilizar esta opción.

A continuación, **guarde** o **actualice** la página.

Asignación

Para ver cómo funciona un sitio WordPress, es útil crear algunas **Páginas** y **Entradas** por adelantado.

Cree varias **Páginas** con los siguientes títulos:
- Bienvenido (se convertirá en página de inicio más adelante).
- Quién.
- Qué .
- Dónde.
- Contacto (más adelante incluirá un formulario de contacto).
- Noticias (esta será una página de resumen que consistirá de entradas).

Cree una serie de **Entradas** con los siguientes títulos:
- Las últimas noticias.
- El tiempo.

En el próximo capítulo **Personalizar Página de Inicio**, le mostraré cómo cambiar la *Página de Inicio*.

En el capítulo **Personalizar Página de Entradas**, muestro cómo mostrar Entradas en una Página titulada Noticias.

En el capítulo **Menú de Navegación**, muestro cómo navegar a través de su sitio usando un menú de navegación.

Personalizar la página de inicio

Después de una instalación por defecto de WordPress la página de Inicio es una vista general de tus últimos Entradas.

Si no quieres empezar con Entradas sino con una Página estática, puedes cambiar esto usando:

Escritorio > Ajustes > Lectura.

Bajo **Tu página de inicio muestra**, elige **Una página estática** en lugar de *Tus últimos entradas*.

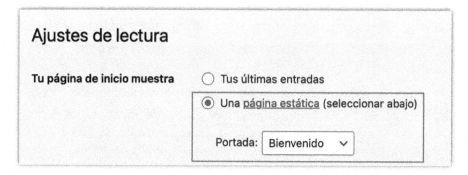

En el ejemplo, se ha elegido una Página estática titulada Bienvenida. En Página de inicio, seleccione - **Bienvenida**.

Haga clic en **Guardar cambios** y ver el sitio.

Personalizar la página de entrada

Si quieres utilizar tus últimos entradas pero no como página de inicio, puedes hacerlo a través de la opción **Página de entradas**.

En la **Página de entradas**, seleccione una página existente (por ejemplo, *Noticias*). Cuando se accede a la página Noticias en el frontend del sitio web, se muestran todos los últimos entradas uno debajo de otro.

Con **Número máximo de entradas a mostrar en el sitio** puede especificar cuántos entradas se muestran en una página de Entradas. Los demás entradas se archivan. Con un **widget de Archivo**, estos pueden ser llamados.

Haga clic en **Guardar cambios** y visualice el sitio.

Antes de aplicar esto, recomiendo crear una página en blanco con el título *Noticias* o *Blog*. En la sección Menú de navegación, asegúrese de que la página Noticias está incluida en el menú.

Marcar esta entrada como fija

Con **Marcar esta entrada como fija** te aseguras de que aparezca en la parte superior de una página de entradas. Si un tema lo admite, también aparecerá en una plantilla de página de inicio (véase el capítulo ADAPTAR EL TEMA).

1. Vaya a **Escritorio > Entradas**. Pase el ratón por encima de, por ejemplo, ¡Hola mundo! Aparecerán opciones adicionales.

☐ **Hello world!**

Editar | Edición rápida | Enviar a la papelera | Ver

2. Haga clic en **Edición rápida**. Verá las opciones de la página.

3. La edición rápida le permite editar algunas propiedades de la página sin abrirla. Seleccione la opción **Marcar esta entrada como fija**.

4. A continuación, haga clic en **Actualizar** y compruebe el sitio.

Despliegue del formulario de respuesta

En un sitio informativo, no quiere que los lectores puedan comentar un Entrada. En ese caso, debe desactivar el formulario de comentarios.

1. Vaya a **Escritorio > Entradas**. Pase el ratón por encima de, por ejemplo, **¡Hola mundo!** Aparecerán opciones adicionales.

⬜ **Hello world!**

Editar | Edición rápida | Enviar a la papelera | Ver

2. Haga clic en **Edición rápida**. Aparecerán varias opciones.

3. Al desactivar **Permitir comentarios**, el formulario de comentarios ya no se muestra al final de un Entrada. Haga clic en **Actualizar** y ver el sitio. Si desea desactivar el formulario de comentarios para todos los nuevos Entradas vaya a **Escritorio > Ajustes > Comentarios**.

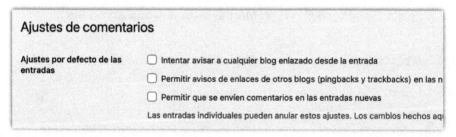

En **Ajustes por defecto de las entradas**, desactiva todas las opciones. Esto evita mucho spam.

Proteger páginas con contraseña

Se puede proteger una página o un entrada con una contraseña.

Esto se puede establecer para cada página/entrada.

Vaya a **Escritorio > Páginas**.

Pase el ratón sobre el título de una página y haga clic en **Edición rápida**.

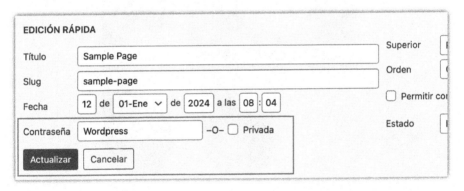

Introduciendo una **Contraseña**, la Página estará protegida por una contraseña.

Privada permite a un usuario registrado leer una página después de iniciar sesión (véase el capítulo Usuarios), en este caso no se requiere contraseña.

Privada permite a un usuario registrado leer una página después de iniciar sesión (véase el capítulo Usuarios), en este caso no se requiere contraseña.

A continuación, haga clic en el botón **Actualizar**.

MEDIOS

Medios te permite gestionar imágenes, vídeos y archivos. Desde aquí, puedes insertar archivos multimedia en un tema, entrada, página o widget de texto.

Añadimos un archivo a la mediateca:

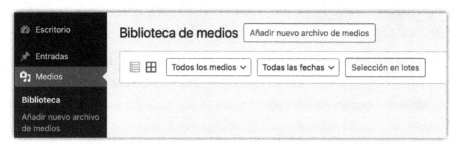

1. Vaya a **Escritorio > Medios - Añadir nuevo archivo de medios**.
2. Arrastre un archivo a esta ventana o haga clic en **Seleccionar archivos**.

3. Una vez cargado el archivo, se le mostrará información adicional.
4. Vaya a **Escritorio > Medios > Biblioteca**.

   En esta ventana puede gestionar todos los archivos multimedia.

5. Haga clic en una imagen. Se le mostrarán 4 opciones: **Editar imagen**, **Ver archivo de medios**, **Editar más detalles**, **Descargar archivo**, **Borrar permanentemente**.

Haz clic en **Editar más detalles** para añadir metainformación como **título**, **texto alternativo**, **Leyenda** y **Descripción** a una imagen. A continuación, haz clic en **Actualizar**.

Editar imagen

Puede editar una imagen desde la mediateca.

Haga clic en una imagen y luego en **Editar imagen**.

Las opciones son: **Recortar**, **Escala** y **Rotación de imagen**.

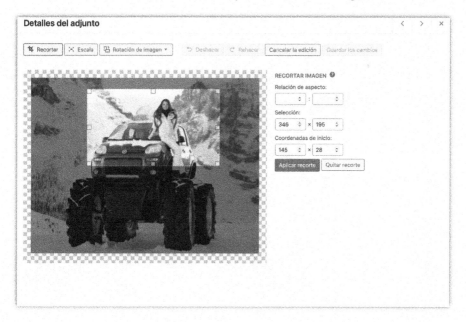

Es posible ajustar el tamaño original en la columna de la derecha.

Insertar imagen

Puede insertar imágenes en un Entrada o Página. En el editor de texto, haga clic en el icono **+** y seleccione **Imagen**.

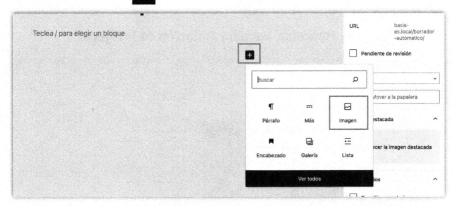

Elija **Biblioteca de medios**, seleccione una imagen y pulse el botón Seleccionar.

1. A continuación, haga clic en un icono de **alineación**. En este caso, elija **Alineación izquierda**. Reducir la imagen.

2. A continuación, vuelve a hacer clic en el icono **+** y selecciona un **Párrafo**. Coloque el texto en el bloque de párrafo. Ahora la imagen está alineada a la izquierda con respecto al texto.

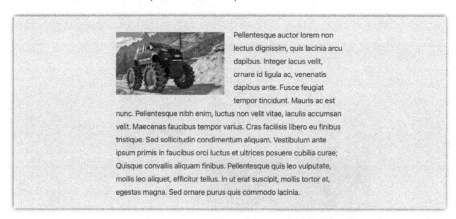

Pellentesque auctor lorem non lectus dignissim, quis lacinia arcu dapibus. Integer lacus velit, ornare id ligula ac, venenatis dapibus ante. Fusce feugiat tempor tincidunt. Mauris ac est nunc. Pellentesque nibh enim, luctus non velit vitae, iaculis accumsan velit. Maecenas faucibus tempor varius. Cras facilisis libero eu finibus tristique. Sed sollicitudin condimentum aliquam. Vestibulum ante ipsum primis in faucibus orci luctus et ultrices posuere cubilia curae; Quisque convallis aliquam finibus. Pellentesque quis leo vulputate, mollis leo aliquet, efficitur tellus. In ut erat suscipit, mollis tortor at, egestas magna. Sed ornare purus quis commodo lacinia.

Puede editar una imagen haciendo clic en ella. La columna de la derecha muestra una serie de ajustes. Si haces clic en **Opciones** (3 puntos, barra de herramientas) puedes *copiar*, *duplicar* o *borrar* una imagen.

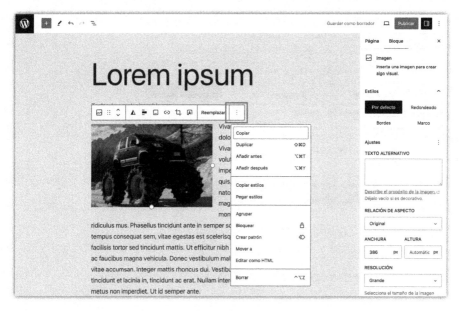

Enlace imagen

Una imagen también puede contener un enlace. Seleccione una imagen. A continuación, haga clic en el icono Enlace del editor de texto. Como puede ver, es posible enlazar a una URL, a un archivo multimedia (imagen grande) o a una página adjunta (imagen grande en la página).

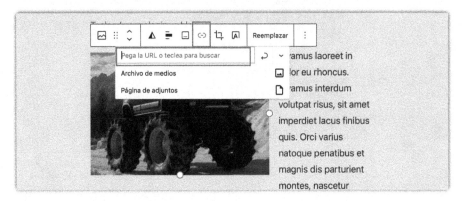

Escriba o pegue una URL en el campo de enlace. El botón Configuración del enlace > Abrir en nueva pestaña abre el enlace en una nueva ventana.

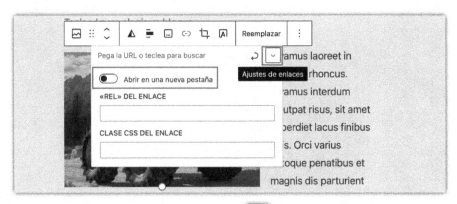

A continuación, pulse el botón Aplicar.

Después, no olvides actualizar la página.

Ajustes multimedia

Vaya a **Escritorio > Ajustes > Medios**.

Los valores indicados indican las dimensiones máximas en píxeles utiliza-
das para añadir imágenes a la mediateca. Si quieres desviarte de ellas, puedes ajustarlas.

Después, no olvides hacer clic en el botón **Guardar cambios**.

MENÚ DE NAVEGACIÓN

Con el tema *Twenty Twenty-One*, las páginas no se incluyen automáticamente en un menú de navegación. Algunos temas sí lo hacen. Si quieres un menú de navegación y determinar tú mismo el orden del menú, crea un menú. Hágalo de la siguiente manera:

1. Vaya a
   Escritorio > Apariencia > Menús.

2. En **Nombre del menú**: asigne un nuevo nombre al menú, por ejemplo, *Menú principal* y, a continuación, haga clic en el botón **Crear menú**.

Nombre del menú	Menú principal

Dale un nombre a tu menú, luego haz clic en Crear menú.

3. Las páginas no se añaden automáticamente al nuevo menú. Haz clic en la pestaña **Ver todo** para añadir páginas al menú. Seleccione **Bienvenido** (página de inicio), sus **páginas** (excepto *noticias*) y haga clic en **Añadir al menú**.

4. También es posible incluir en el menú **Entradas, Enlaces personalizados** (enlaces) e incluso **Categorías**.

Páginas ▲

Más reciente | Ver todo | Buscar

☐ Bienvenido — **Página de inicio**
☐ Noticias — **Página de entradas**
☐ Ante ipsum
☐ Contacto
☐ Dónde
☐ Qué
☐ Quién
☐ Sample Page

☐ Seleccionar todo

Añadir al menú

5. Ajuste el orden del menú tomando un elemento del menú y **moviéndolo** verticalmente. Desplace un elemento del menú hacia la **derecha**, convirtiéndolo en un elemento del **submenú** (por ejemplo, Sample Page).

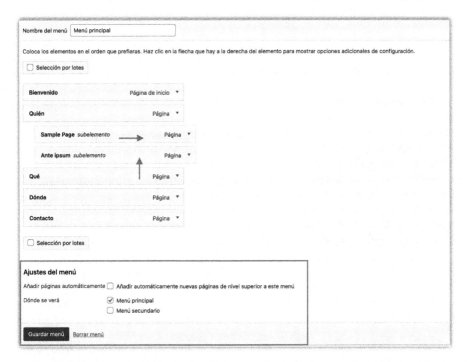

6. En **Ajustes del menú** - **Dónde se verá** : activar **Menú principal** que mostrará el menú en el sitio web. Puede vincular un menú a diferentes ubicaciones en un tema. Así, cada ubicación tiene su propia posición y estilo.

7. Una vez modificado el menú, haga clic en **Guardar menú**. Ver el sitio.

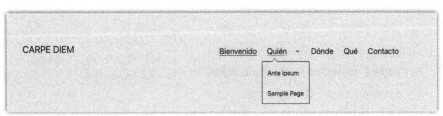

Entradas en el menú

1. En la capítulo *Personalizar la página* de inicio, se indica que todos los **Entradas** están vinculados a la página Noticias.

2. Añada la página **Noticias** al menú.

3. Arrastre el elemento de menú a la ubicación deseada, por ejemplo, encima de Contacto.

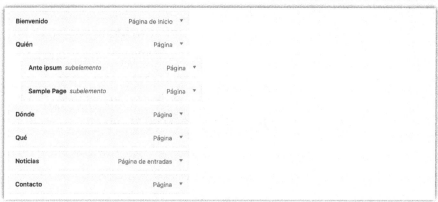

4. A continuación, haga clic en **Guardar menú**.
5. Ver sitio.

Menú de enlaces sociales

En **Ajustes del menú** - **Dónde se verá**, verá varios nombres. El número y los nombres de ubicación pueden variar de un tema a otro. Los nombres vienen determinados por el tema (en este caso, Twenty Twenty-One).

Ajustes del menú

Añadir páginas automáticamente ☐ Añadir automáticamente nuevas páginas de nivel superior a este menú

Dónde se verá
- ☑ Menú principal
- ☐ Menú secundario

Guardar menú   Borrar menú

Un menú puede incluirse en un encabezado, pie de página, columna izquierda, etc.Si se muestra una ubicación con el nombre **Menú social**, se trata específicamente de un menú que incluye elementos de menú que enlazan con páginas sociales. En un menú Social, los iconos de las redes sociales se generan automáticamente. En el tema Twenty Twenty-One, puede utilizar la ubicación **Menú secundario**. Este menú se muestra en el pie de página.

Crear menú social

Ir a **Crear un nuevo menú**. Nombra este **Menú Social**.
A continuación, haga clic en el botón **Crear menú**.

Menús Gestionar con vista previa

Editar menús   Gestionar ubicaciones

Edita a continuación tu menú o crea un nuevo menú. ¡No olvides guardar tus cambios!

Como ejemplo, voy a crear un *menú social* con enlaces a la página de *Facebook* y *Twitter* de WordPress. Vaya a la sección **Añadir elementos al menú** - **Enlaces personalizados**.

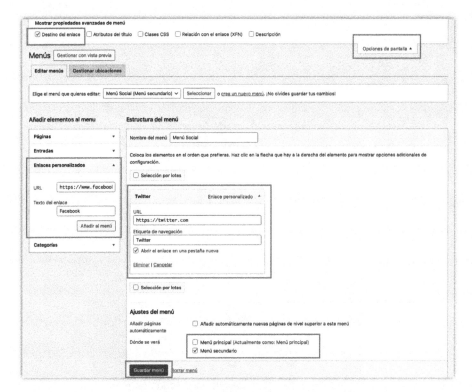

Colocar en URL - **https://www.twitter.com/wordpress**.

Coloque en el texto del enlace - **Twitter**.

A continuación, haga clic en **Añadir al menú**.

Haga lo mismo para **Facebook**. A través de **Opciones de pantalla** (arriba a la derecha) , es posible abrir un enlace en una nueva pestaña utilizando **Destino del enlace**. Esto sólo se puede establecer después de la activación y por elemento de menú. En **Ajustes del menú - Dónde se verá** : seleccione **Menú secundario**.

CATEGORÍAS

En WordPress, puedes enlazar **Entradas** a una o más **Categorías**. Al crear categorías, los lectores pueden encontrarlas fácilmente. Esto hace que el contenido del sitio sea claro.

Las **categorías** pueden incluirse en un menú de navegación y también pueden utilizarse como widget de la barra lateral.

1. Vaya a **Escritorio > Entradas > Categorías**.

2. Pase el ratón por encima de: *Uncategorized* - **Edición rápida**.

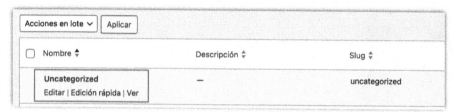

3. Cambie el nombre a *Entradas de blog*. Haga clic en **Actualizar la categoría**.

También puedes mantener la categoría *Uncategorized* y crear una nueva tú mismo. Puede utilizar esta categoría para encontrar entradas que aún no están vinculadas a una categoría.

En **Añadir una nueva categoría**, cree una nueva categoría.

Las categorías pueden tener una estructura jerárquica.

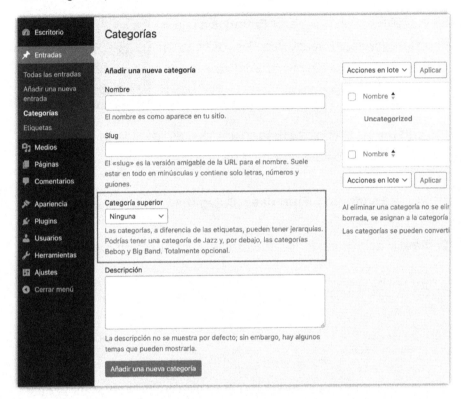

Con **Categoría superior**, puede especificar el orden. Cuando haya terminado, haga clic en el botón **Añadir una nueva categoría**.

Por ejemplo, si quiere escribir un blog sobre deportes, entonces deportes es una categoría principal. Las secciones de deportes como fútbol, baloncesto y voleibol son subcategorías.

A continuación, vaya a **Escritorio > Entradas > Todos las entradas**. Haga clic en una entrada para cambiar de categoría.

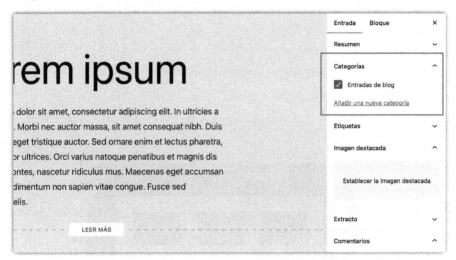

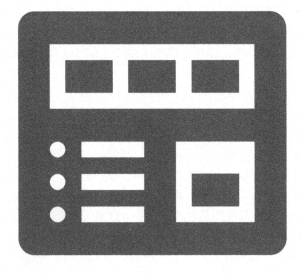

WIDGETS

Los widgets son elementos que añaden opciones visuales e interactivas adicionales a un sitio. Son componentes como **buscar**, **comentarios**, **archivo**, **categorías**, etc.

Los widgets suelen incluirse en el **Pie de página** o en la **barra lateral** de un tema.

Añadir widget

1. Vaya a **Escritorio > Apariencia > Widgets**.

2. Desplácese hacia abajo y haga clic en el icono **+**. Seleccione un bloque de **Calendario**.

3. **Arraste** el bloque a una posición, por ejemplo, en la parte superior.

4. A continuación, pulse **Guardar**.

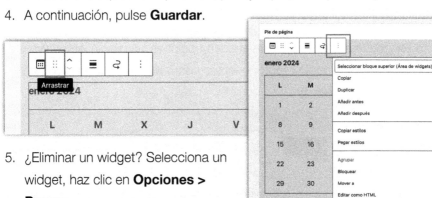

5. ¿Eliminar un widget? Selecciona un widget, haz clic en **Opciones > Borrar**.

6. Echa un vistazo al sitio.

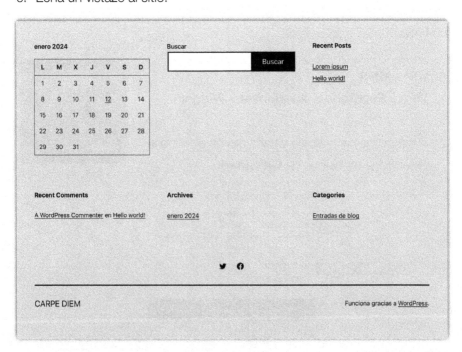

Los widgets dependen del tema. Cuando actives un tema diferente es posible que tengas que añadir tus widgets de nuevo.

Contenido en barra lateral o pie de página

Si desea incluir información en una barra lateral, utilice el icono **+** situado en la parte superior izquierda de la ventana. Todos los bloques que aparecen en esta ventana pueden incluirse en una **barra lateral** o en un **pie de página**.

Para insertar un bloque de **párrafo** e **imagen** en un pie de página, haga lo siguiente:

1. Vaya a **Escritorio > Apariencia > Widgets**.
2. Haga clic en el **icono +** .
3. Seleccione un bloque **Encabezado** y, a continuación, coloque texto en el bloque.
4. Seleccione un bloque **Imagen** y, a continuación, seleccione una imagen de la **Biblioteca des medios**.

5. Selecciona ambos bloques, ve a la **barra de herramientas > opciones** (3 puntos) y selecciona **Agrupar**.
6. A continuación, ajuste el orden si es necesario.
7. Haga clic en **Guardar**.
8. Ver sitio.

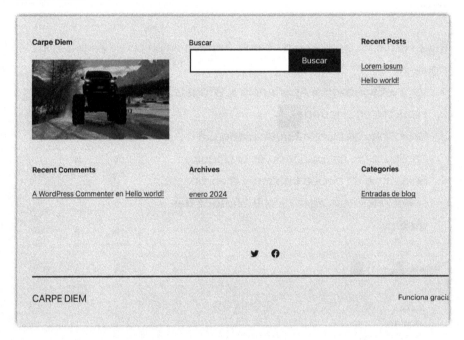

Como ambos bloques están agrupados, se colocan como un solo bloque (uno debajo del otro) en el pie de página. Los bloques separados se colocan uno al lado del otro.

BLOQUES PRÁCTICOS

A partir de la versión 5.0 de WordPress, ya no es necesario instalar plugins para colocar columnas, tablas o botones, entre otras cosas. Gracias al nuevo editor de bloques, se pueden utilizar varios elementos de bloque. En este capítulo, les mostraré algunos bloques prácticos.

Columnas

Vaya a una Página y haga clic en el icono ➕ (arriba a la izquierda). Seleccione **DISEÑO > Columnas**.

Elija una variación. Se recomienda no utilizar más de 2 ó 3 columnas.

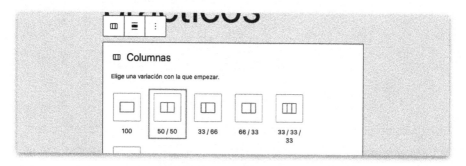

En una vista móvil, las columnas se muestran unas debajo de otras.

Se colocan las columnas. En cada columna encontrará un icono **+**.

Haga clic en los iconos **+** izquierdo y derecho para colocar un **Párrafo**.

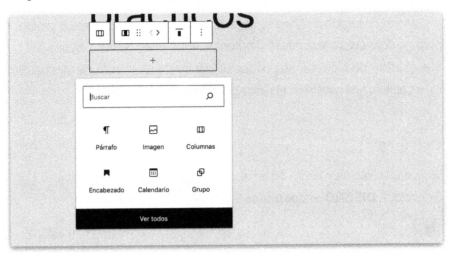

Los elementos de bloque están anidados en una columna. Si desea seleccionar un elemento de bloque en una columna, utilice la **Vista de lista**.

Ésta se encuentra en la parte superior izquierda de la ventana.

Haga clic en un párrafo y, a continuación, vaya a **Vista de lista** (arriba a la izquierda). Seleccionando un bloque en esta lista, puedes editar fácilmente un elemento (columna de la derecha).

Tablas

Haga clic en el icono **+** . A continuación, seleccione **TEXTO > Tabla**.

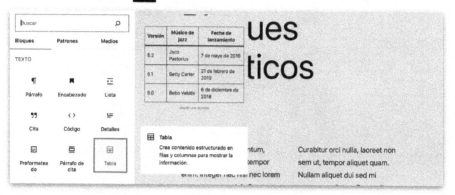

A continuación, especifique el número de **columnas** y **filas**. Haga clic en el botón **Crear tabla**. Coloque algún contenido en la tabla.

En **Ajustes**, puede elegir **Celdas de tabla de ancho fijo**.

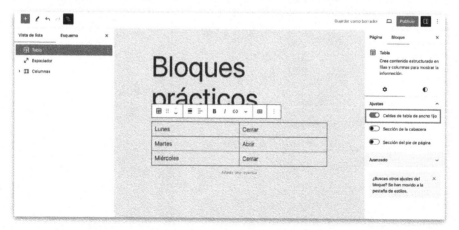

Botones

Un botón atrae un poco más la atención que un enlace textual.

Haga clic en el icono **+** . Seleccione **DISEÑO > Botones**.

Colocar **texto** en un botón. Haga clic en el icono de **Enlace** y escriba o pegue una **URL** en el campo de enlace. Desde **Opciones** (derecha) puedes personalizar las propiedades de los botones.

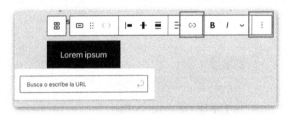

En **Estilos**, elija **Relleno**. **Color** le permite ajustar el color del Texto o del Fondo. El redondeo puede hacerse con **Radio**.

Con **Enlace**, asegúrese de que el enlace se abre en **una nueva pestaña**.

A continuación, pulse el botón **Actualizar** o **Publicar**.

Galería

Haz clic en el icono ➕ . Selecciona **MEDIOS > Galería**.

En el bloque Galería, puede cargar nuevos archivos o seleccionar archivos de la **biblioteca**. Haga clic en el botón **Biblioteca de Medios**. Seleccione un número de imágenes. A continuación, haz clic en el botón **Crear una nueva galería**.

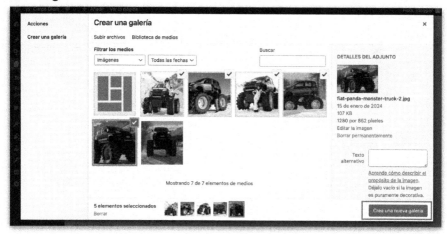

Aparecerá una nueva ventana de resumen.

A continuación, haga clic en el botón **Insertar galería**.

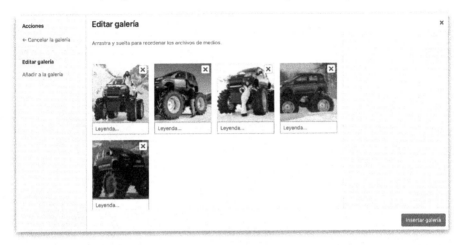

Es posible ajustar el orden de las imágenes, entre otras cosas. Haga clic en una **imagen** y vaya a la **barra de herramientas > Enlace > Ampliar al hacer clic**.

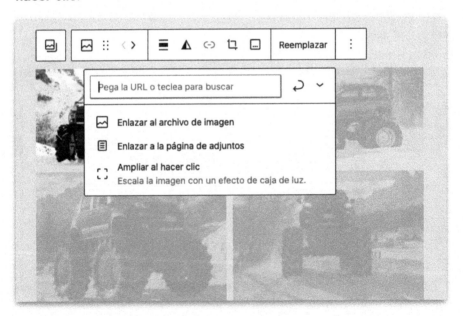

Publica tu Entrada o Página y visualiza el sitio.

Patrones

Los **Bloques** le permiten dar formato a una Página o Entrada. También puede utilizar **Patrones**. Los Patrones (plantillas de contenido) son bloques compuestos. Sirven para varias páginas, como una página de bienvenida, un blog o una página de contacto, entre otras. Los Patrones forman parte del tema activo.

El uso de **Patrones** le ahorra mucho tiempo. Después de añadir un patrón, puede sustituir fácilmente el texto o las imágenes.

Con **Ajustes** (columna de la derecha), puedes personalizar el estilo.

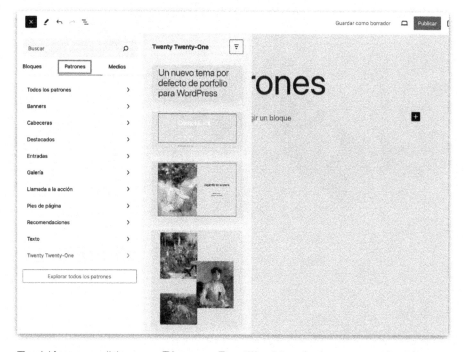

También es posible crear **Bloques Reutilizables** (más o menos lo mismo que los Patrones) y añadirlos a WordPress. El libro *WordPress - Gutenberg* explica cómo hacerlo.

PERSONALIZAR TEMA

Es posible personalizar el tema activo desde el Escritorio. El número de elementos que puede personalizar depende de cada tema.

Vaya a **Escritorio > Apariencia > Temas**. Haga clic en **Personalizar**. O vaya a **Escritorio > Apariencia > Personalizar**.

Aparece una nueva ventana. La columna de la izquierda muestra el número de elementos que puede personalizar. Las opciones se amplían al hacer clic sobre ellas.

En este tema, puedes personalizar la **Identidad del Sitio**, **Colores y Modo Oscuro**, **Imagen de Fondo**, **Menús**, **Widgets**, **Ajustes de la Página de Inicio**, **Ajustes del extracto** y **CSS Adicional**.

Por ejemplo, si desea ajustar los colores del tema, puede hacerlo con la opción **Colores y modo oscuro**. En **Color de fondo**, haga clic en **Seleccionar color** y ajuste el color. El resultado es inmediatamente visible en la ventana de la derecha.

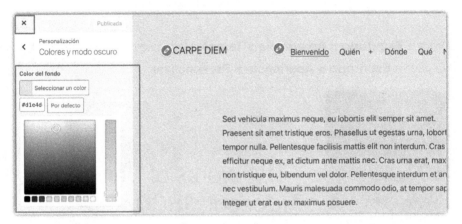

Después, no olvides hacer clic en el botón **Guardar** para guardar los cambios. A continuación, haz clic en la cruz **X** de la parte superior izquierda de la ventana.

Colocar Imagen de cabecera

Una **imagen de cabecera** es una imagen que se muestra en la parte superior de un sitio. Normalmente se puede especificar desde el **Personalizar > Imagen de cabecera**. El tema *Twenty Twenty-One* no utiliza esta opción. En su lugar, este tema utiliza una **Imagen destacada** como cabecera. Para aplicar esto, vaya a un entrada o página.

Vaya a **Escritorio > Páginas**. Seleccione la página de inicio *Bienvenido*. En la columna de la derecha **Ajustes** de la página, haz clic en **Imagen destacada** y selecciona una imagen (grande) de tu Biblioteca de medios. A continuación, haga clic en el botón **Actualizar**.

La **imagen destacada** se muestra ahora como la imagen del encabezado. Si hace esto para cada página, tendrá una imagen de encabezado variada.

Favicon

Un favicon (icono del sitio) es un icono que puede verse en una ventana del navegador. Wordpress especifica que un favicion debe ser cuadrado o al menos 512 x 512 píxeles. Puede utilizar cualquier formato web para esto, gif, jpg o png.

Vaya a **Escritorio > Apariencia > Personalizar - Identidad del sitio**. En **Icono del sitio,** haga clic en **Seleccionar el icono del sitio**.

En la mediateca, selecciona un logotipo (o imagen) y recórtalo como necesites.

Verá una vista previa. A continuación, haga clic en el botón **Publicar**.

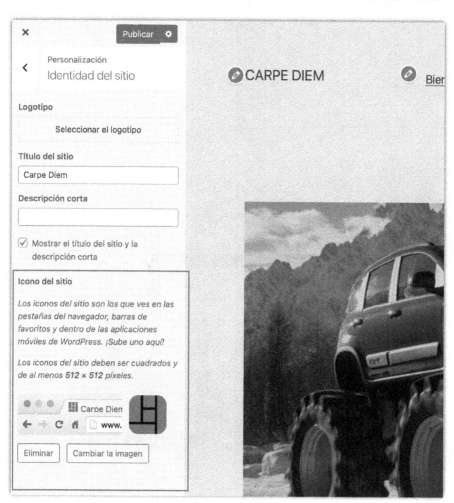

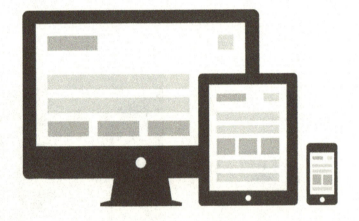

NUEVO TEMA

Un **tema clásico** es una colección de archivos PHP y CSS. Un tema define el diseño y la funcionalidad de un sitio WordPress.

Un usuario puede utilizar un tema para cambiar el diseño del sitio sin perder el contenido. Un tema también se conoce como plantilla.

Hay más de 22.000 temas gratuitos disponibles para descargar en WordPress. También existen temas comerciales. Su precio oscila entre los 10 y los 70 dólares.

En este capítulo, te mostraré cómo **descargar** un tema, **instalarlo** y **activarlo**.

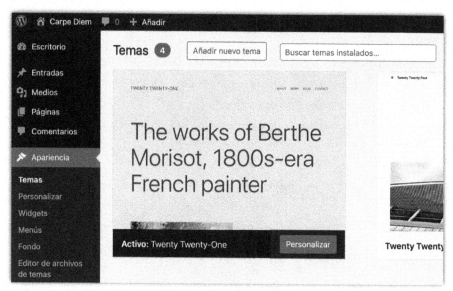

Vaya a **Escritorio > Apariencia > Temas**.

Haga clic en el botón **Añadir nuevo tema**.

Descargar e instalar el tema

Puede buscar un tema adecuado de varias maneras. En la ventana **Añadir tema**, verás varias opciones.

Utilizando **Buscar temas** (derecha) o **Filtro de propiedades** puede encontrar un tema adecuado.

El botón **Cargar tema** le permite instalar un tema descargado.

En ese caso, se instalará como un archivo **Zip**. Para más temas gratuitos visite: *http://wordpress.org/extend/themes*.

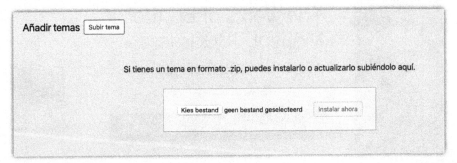

Featured presenta una serie de temas.

Las opciones **Popular** y **Más reciente** hablan por sí solas.

Una vez que haya encontrado un tema, haga clic en **Detalles y vista previa**. Si el tema cumple sus expectativas, haga clic en el botón **Instalar**.

Como ejemplo, voy a instalar el tema **Maxwell** (ThemeZee). Escribe "**Maxwell**" en el campo de búsqueda y haz clic en el botón **Buscar**.

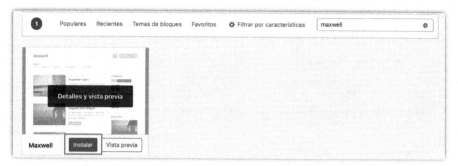

Pasa el ratón por encima de la vista previa del tema. Para obtener más información, haz clic en **Detalles y vista previa**. Haga clic en **Instalar**. A continuación, haga clic en **Activar**.

En **Escritorio > Apariencia > Temas**, puede ver el número de temas instalados. **Activar** permite cambiar los temas. Ver sitio.

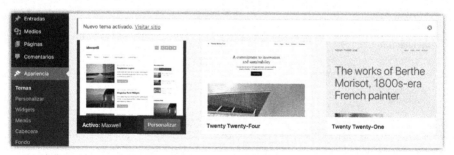

Tras un cambio de tema, es posible que el menú haya desaparecido.
En ese caso, vaya a **Escritorio > Apariencia > Menús** para ajustarlo. En el tema Maxwell, el menú principal todavía se puede ver.

El Menú Social no se muestra en este tema. Para ello, necesita la versión Maxwell Pro (59 €). Si aún así quieres incluir iconos de redes sociales en tu sitio web, puedes hacerlo con **Widgets** o **Plugins**.

En **Configuración del menú** → **Mostrar ubicaciones**, especifique la nueva ubicación del menú.
En este caso, solo tiene una opción n.l. **Navegación principal**.

Por lo tanto, la ubicación del menú puede variar de un tema a otro. Después de seleccionar una nueva ubicación, haga clic en el botón **Guardar menú**.

Personalizar el tema

Como ya sabrás, el **Personalizar** depende del tema.
Echa un vistazo a las opciones del tema Maxwell.

1. Vaya a **Escritorio > Apariencia > Temas**. Haga clic en **Personalizar**.
2. O vaya a **Escritorio > Apariencia > Personalizar**.

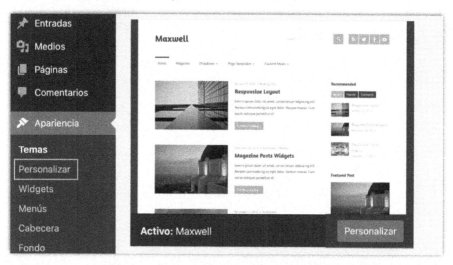

La columna de la izquierda muestra el número de elementos que puede personalizar. Las opciones se amplían al hacer clic sobre ellas.

En este tema, puede personalizar **Identidad del sitio**, **Imagen de cabecera**, **Fondo**, **Menús**, **Widgets**, **Ajustes de la página de inicio**, **Opciones del tema** y **CSS adicional**. Por ejemplo, si desea cambiar el color del tema, puede hacerlo mediante la opción **Fondo > Color de fondo**.

Coloca una imagen de cabecera

En el tema **Maxwell** es posible colocar una imagen de cabecera

Para añadir una imagen de cabecera en un tema, vaya a **Escritorio > Apariencia > Cabecera** o | **Escritorio > Apariencia > Personalizar > Imagen de la cabecera**.

Abra un navegador y busque una imagen de cabecera. Como se ha indicado, el tema funciona mejor con una imagen JPG de **1200 x 400 píxeles**.

Haz clic en el botón **Añadir nueva imagen**, selecciona un archivo.

A continuación, haz clic en **Cargar**. Si el tamaño es demasiado grande, se le preguntará si desea recortar la cabecera. En este caso, haga clic en **Omitir recorte**. El archivo se ha importado.

A continuación, haga clic en el botón **Publicar**. Previsualice su sitio.

La cabecera es visible en todas las páginas o entradas. Si desea una cabecera variada, puede utilizar un plugin.

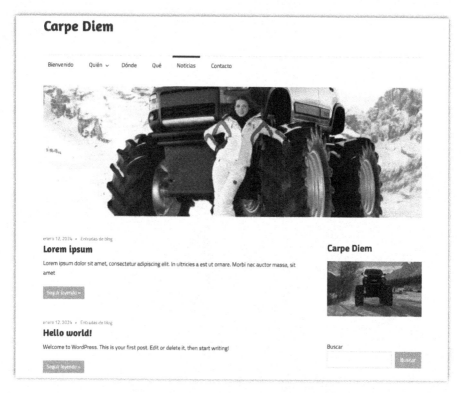

Puede leer cómo aplicar esto en la capítulo *Imagen de cabecera personalizadas*.

TEMA DE BLOQUES

El tema **Twenty Twenty-Two** es el primer **tema de bloques** estándar en WordPress. Le permite personalizar visualmente un tema. Entre otras cosas, puede editar o añadir componentes como un título, un logo y un menú. También es posible cambiar la estructura de una **página de inicio**, **entrada** o **página**. Puede cambiar el texto de huella predeterminado. Y incluso cambiar el estilo, como el color, el tamaño y el tipo de letra.

El ajuste de un tema de bloque se realiza con el mismo editor de bloque de página. WordPress llama a esto **Full Site Editing**. Con el editor de bloques no solo se puede crear una página, sino también un tema. Cree un nuevo sitio web WordPress con **Local** (vea el capítulo *Instalar WordPress*).

Vaya a **Escritorio > Apariencia**. Active el tema **Twenty Twenty-Two**. WordPress quiere mostrar en esta versión lo fácil que es trabajar con temas en bloque.

Haga clic en **Apariencia > Editor**. En la columna de la izquierda verás una serie de opciones: **Navegación**, **Estilos**, **Páginas**, **Plantillas** y **Patrones**, a la derecha verás la página de inicio con los últimos entradas.

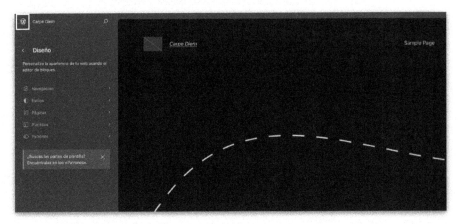

Seleccione el **título** y haga clic en **Editar plantilla**. Aparece una **barra de opciones** encima del bloque.

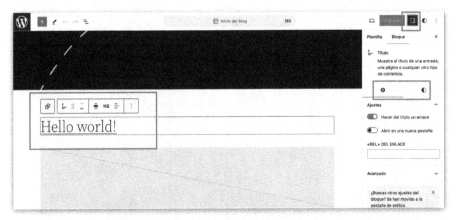

El icono de **Configuración** (arriba a la derecha) le mostrará **opciones** adicionales del bloque en una columna a la derecha. Mediante **Ajustes** (de la columna) y **Estilos** (icono de media luna) del bloque, puede personalizarlo aún más.

El icono de **WordPress** (arriba a la izquierda) le devuelve al Editor del sitio.

Vaya a **Apariencia > Editor - Plantillas**. Las plantillas constan de **partes** y **bloques de plantilla**. Juntos forman una página. Una parte de plantilla es, por ejemplo, un **encabezado**, una **barra lateral** o un **pie de página**. Una Plantilla tiene varias partes.

El nombre de una **Plantilla** indica para qué fue creada. La Plantilla **Entrada individual** se muestra después de que un visitante haga clic en un **entrada** de la página de inicio. Muestra el entrada completo. El número de plantillas varía según el tema.

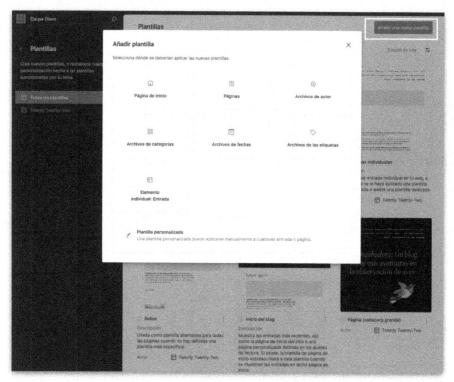

Puede crear nuevas plantillas pulsando el botón **Añadir nueva plantilla**.

Seleccione **Entrada individual** y haga clic en un bloque para editarlo.

La estructura de una plantilla consta de **Partes de Plantilla** y **Bloques Temáticos**. Seleccionando una parte o bloque de plantilla, puede ver de qué se trata. Para ello, utilice la **vista de lista** o el **navegación de migas de pan**. Puede ajustar las propiedades del bloque mediante las **opciones** y **ajustes** del bloque (columna de la derecha).

Mediante el insertador de bloques, icono ➕ (arriba a la izquierda) puede añadir partes de plantilla y bloques temáticos.

Vaya a **Apariencia > Editor > Patrones**. Junto al tema Patrones (diseños), también encontrará una lista de **PARTES DE PLANTILLA**.

Haga clic en un **componente de Plantilla** para editarlo. El nombre indica de qué tipo de componente se trata.

Con **Añadir nuevo patrón > Añadir nueva parte de plantilla** puede crear partes de plantilla.

La ventaja de las **partes de Plantilla** es que puede centrarse mejor en la maquetación de una parte. Esto significa que no tiene que enfrentarse a la maquetación completa de una página web.

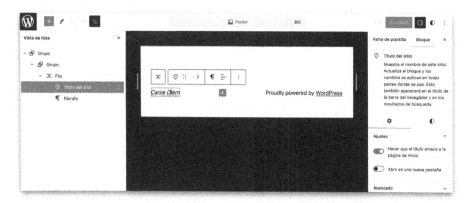

Editar página de inicio, plantilla y partes de la plantilla

Los cambios surten efecto inmediatamente al guardar una Plantilla. Para restablecerla, vaya a **Plantillas > Todas las plantillas**. Luego, vaya a tres puntos y seleccione **Restablecer**.

Como ejemplo, va a editar una plantilla. Vaya a **Editor > Plantillas**. Haga clic en la plantilla **Entradas individuales**.

El objetivo es reemplazar el Cabecera y Pie de Página con un Patrón. A continuación, edite la información meta: bloques de fecha, autor y categoría directamente debajo del título.

Personalización de Cabecera y Pie de página:
1. Utilice la **Vista de lista** y seleccione el **Grupo** en la **Cabecera**.
2. Haga clic en el icono **+** y seleccione **Patrones**.
3. Seleccione la categoría **Cabeceras**.
4. Seleccione **Cabecera solo de texto con descripción corta y fondo**.
5. Seleccione el encabezado antiguo y **elimínelo**.
6. Cambie el color del texto y de los enlaces a blanco.

Haga lo mismo para el Pie de página, utilice **Cambie el color del texto y de los enlaces a blanco**.

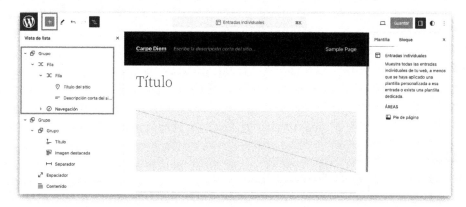

Luego coloca la información Meta debajo del título. **Seleccione** y **arraste** la **Fila** de información Meta directamente debajo del Título.

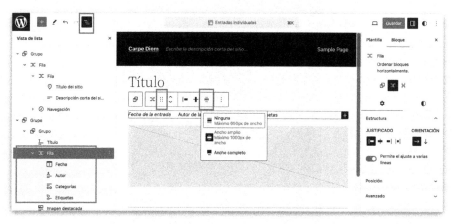

La herramienta **Vista de Lista** puede ayudarle a hacerlo. A continuación, ajuste la anchura a **Ancho amplio**. Haga clic en **Guardar** y previsualice un elemento. Si quieres saber más sobre **diseños**, **Full Site Editing** y creación de **temas de bloques**, lee el libro **WordPress Gutenberg** y **WordPress Block Theme**.

Nota **Active** el tema **Twenty Twenty-One**, lo necesitará para la capítulo *AJUSTAR PIE DE PÁGINA*.

PERSONALIZAR PIE DE PÁGINA

Un pie de página es un elemento del sitio situado en la parte inferior del tema. En el pie de página de **Twenty Twenty-One**, encontrará el título del sitio y el texto *"Funciona gracias a WordPress"* . o *"Proudly powered by WordPress"* .

Puedes personalizar el pie de página bajo el capó.

1. Active el tema Twenty Twenty-One.
2. Vaya a **Escritorio > Apariencia > Editor de archivos de temas**. Aparecerá una **ventana emergente**. Haga clic en el botón **Entiendo**. Se le mostrarán los archivos PHP.

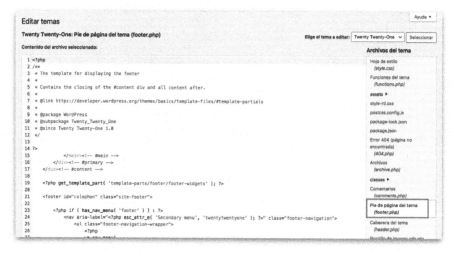

La columna de la derecha muestra todos los archivos del tema.

3. Haga clic en **Pie de página del tema** (*footer.php*), columna de la derecha. Consejo, haga primero una copia de seguridad del código. Copie el código y péguelo en un archivo de texto. En la ventana, puede editar el archivo.

```
57              <?php
58              if ( function_exists( 'the_privacy_policy_link' ) ) {
59                  the_privacy_policy_link( '<div class="privacy-policy">', '</div>' )
60              }
61              ?>
62
63              <div class="powered-by">
64                  <?php
65                  printf(
66                      /* translators: %s: WordPress. */
67                      esc_html__( 'Proudly powered by %s.', 'twentytwentyone' ),
68                      '<a href="' . esc_url( __( 'https://wordpress.org/', 'twentytwe
69                  );
70                  ?>
71              </div><!-- .powered-by -->
72
73          </div><!-- .site-info -->
74      </footer><!-- #colophon -->
75
```

4. Elimine la secuencia de comandos entre las etiquetas siguientes
   <?php y **?>** líneas 65 a 69.

5. Coloque la nueva información entre estas dos etiquetas:
   <?php

   ```
   print "Carpe Diem - "; echo date('D, d, M, Y');
   ```

   ?>

```
62
63              <div class="powered-by">
64                  <?php
65                      print "Carpe Diem - "; echo date('D, d, M, Y');
66                  ?>
67              </div><!-- .powered-by -->
68
```

6. El guión después de "Carpe Diem - " genera la fecha actual.

   ('D, d, M, Y') = día, cifra, mes y año. Si lo desea, elimine una de
   las letras para ajustar la fecha.

   Consejo, fíjese en las comillas. "error" - "bien" .

7. Haga clic en el botón **Actualizar archivo** y visualice el sitio.

Recent Comments	Archives	Categories
A WordPress Commenter zu Hello world!	September 2023	Blog

O y

LOREM IPSUM | Carpe Diem - Wed, 04, Oct, 2023

Este ejercicio muestra dónde ir para modificar un archivo de tema. Desafortunadamente, cuando se produce una actualización del tema, la modificación se restaura.

Si quiere hacer un cambio permanente, debe crear un **Child Theme** del tema original. Se trata de una especie de copia del tema original.

Si utiliza un tema Bloque (véase el capítulo TEMA BLOQUES), puede utilizar el Editor de Sitios. Entonces ya no es necesario modificar un archivo PHP para este propósito.

Si le gusta modificar código bajo el capó o quiere saber cómo se crea un Child Theme, consulte el siguiente libro:
WordPress - Avanzado.

USUARIOS

En WordPress, se puede dar acceso a diferentes usuarios para administrar un sitio web. Dar a los usuarios diferentes permisos les da acceso total o limitado.

Crear usuarios:

1. Vaya a **Escritorio > Usuarios > Añadir nuevo usuario**.
   Cree un nuevo usuario.
   Asegúrese de haber rellenado los campos obligatorios.

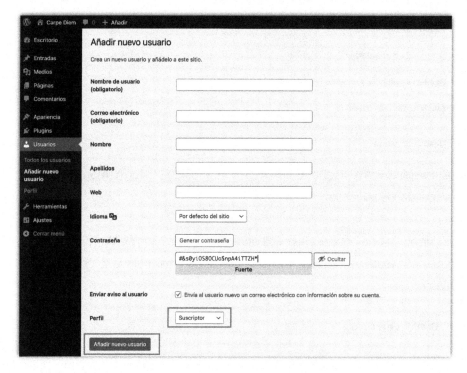

2. Dar a un usuario un **Perfil** (permisos) antes de añadir el **Nuevo usuario**.

Visión general de las diferentes perfiles:

	Suscriptor	Colaborador	Autor	Editor	Administrador
Leer entradas	●	●	●	●	●
Comentarios	●	●	●	●	●
Editar o borrar entradas		●	●	●	●
Publicar entradas			●	●	●
Cargar y gestionar archivos multimedia			●	●	●
Editar, eliminar o publicar entradas y páginas				●	●
Gestión de categorías				●	●
Gestión de comentarios				●	●
Gestión de plugins y widgets					●
Añadir o eliminar usuarios					●
Gestión de temas					●

Consejo, si vas a colaborar con más gente, piensa detenidamente en el papel de los usuarios.

Si introdujo una contraseña débil durante la instalación de WordPress, puede cambiarla. Vaya a **Escritorio > Usuarios** y selecciona tu perfil para cambiarla.

Gestión de la cuenta

Nueva contraseña   Establecer una nueva contraseña

Sesiones   Desconectar del resto de sitios

¿Has perdido tu teléfono o dejado tu cuenta abierta en un ordenador públic

PLUGINS WORDPRESS

La implementación de funciones adicionales en WordPress se realiza, entre otras cosas, a través de plugins. Puedes considerarlos como programas adicionales integrados en el sistema. ¿Te falta algo, como un formulario de correo electrónico, una galería de fotos o la optimización de motores de búsqueda? Puedes añadirlo con un plugin.

Hay una amplia gama de plugins disponibles, pero es importante tener cuidado y no abusar de ellos. Sólo los use cuando realmente los necesite. El uso excesivo de plugins puede causar conflictos, ralentizar el sitio web y aumentar las vulnerabilidades de seguridad. Por lo tanto, le recomendamos que se informe bien antes de instalar un plugin.

Descarga de plugins

Desde esta dirección, puede ver y descargar plugins de WordPress: **http://wordpress.org/plugins**.

El plugin adecuado

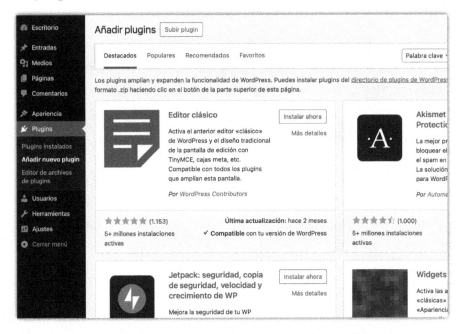

Los plugins se pueden encontrar a través y fuera del sistema. Una vez que haya encontrado un plugin, es fácil instalarlo. Revise la información cuidadosamente y pregunte lo siguiente antes de usar un plugin:

- ¿Ha recibido el plugin una buena valoración (valoración ***).
- ¿Es el plugin fácil de usar para usuarios y visitantes??
- ¿El plugin hace lo que dice que debe hacer?
- ¿Es el plugin compatible con la versión actual?
- ¿Cuántas instalaciones activas hay?
- ¿Se ha ralentizado el sitio después de activar un plugin?

¿Un plugin no cumple las expectativas?
Elimínelo lo antes posible y busque una alternativa.

Instalar plugin

Vaya a **Escritorio > Plugins > Añadir nuevo plugin**.

En el **campo Busca**r, escriba *Contact Form 7.*

Haga clic en **Más detalles** para obtener información.

A continuación, haga clic en **Instalar** ahora y luego en **Activar**.

¿Quieres saber qué plugins tienes instalados?

Entonces ve a: **Escritorio > Plugins**.

Configure el plugin, vaya a **Escritorio > Contacto**. Esta sección ha sido
añadida a tu Dashboard. Aquí encontrará información sobre cómo personalizar y utilizar el formulario, entre otras cosas.

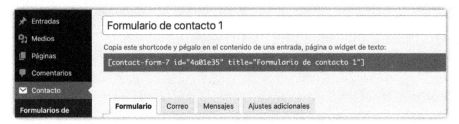

Ahora el plugin también puede encontrarse en el editor de bloques.

Vaya a una Página y haga clic en el icono ➕ (arriba a la izquierda). Seleccione **WIDGETS > Contact Form 7**. A continuación, seleccione Formulario de contacto 1 y haga clic en el botón **Guardar** o **actualizar**.

También puede buscar plugins en esta dirección: *wordpress.org/plugins*.
Debe descargar el archivo antes de **subirlo** e **instalarlo**. El archivo descargado es un archivo comprimido (**.zip**).

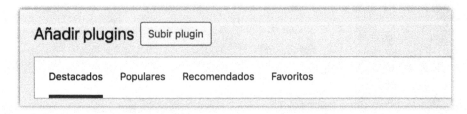

Vaya a **Escritorio > Plugins > Añadir nuevo plugin.**
El botón **Subir plugin** permite instalar un plugin en formato **zip**.

¿Eliminar plugin? Vaya a
Escritorio > Plugins > Plugins instalados.
Primero **desactivar** un plugin.
A continuación, **bórrarlo.**

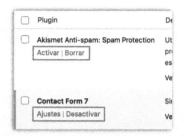

Contact form 7 es un plugin práctico. Si necesitas más campos de formulario entonces te recomiendo otro plugin. En el capítulo *Formulario*, crearemos un formulario extendido. Por lo tanto, se recomienda desactivar el plugin Contact Form 7. Y eliminar el formulario de contacto.

Plugins favoritos

Si desea utilizar determinados plugins con regularidad, puede establecerlos como favoritos en WordPress.org. Esto hace que a través de:
Escritorio > Plugins > Nuevo plugin > Favoritos para encontrarlos rápidamente. Eso sí, primero regístrate en WordPress.org:
http://wordpress.org/support/register.php.

En el próximo capítulo, mostraré algunos plugins útiles.

Akismet

WordPress ofrece por defecto el plugin **Akismet**. Si permite que los visitantes de su sitio web comenten los entradas, este plugin lo protege de los comentarios de spam. Si desea utilizar Akismet, active el plugin y utilice una clave de API. Puedes solicitarlo **gratis**.

Solicite la clave API, vaya a *https://akismet.com/plans*. Seleccione **Get Personal**. En la siguiente ventana, rellene los datos. Ajuste el control deslizante de contribución a **cero** euros. A continuación, haga clic en **Continue...**.

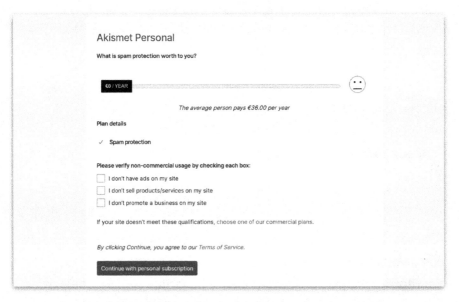

Se le enviará una clave API por correo electrónico.

Active Akismet e introduzca la clave API:

Vaya a **Escritorio > Plugins**. **Active** el plugin Akismet.

Configure su cuenta de Akismet. En esta ventana, utilice una clave **API**.

Haga clic en el botón **Conectar** para completar el proceso.

Under maintenance

Este plugin permite bloquear un sitio web para el público. Un usuario conectado puede ver el sitio. El plugin *Under Maintenance* que elija depende, entre otras cosas, de su apreciación y facilidad de uso. Observe el número de descargas del plugin.

Como ejemplo, utilizo el plugin **LightStart – Maintenance Mode**.

Instale

1. Vaya a **Escritorio > Plugins > Añadir nuevo Plugin**.
2. En el campo de búsqueda, escribe **LightStart – Maintenance Mode**.
3. **Instala** y **activa** el plugin.

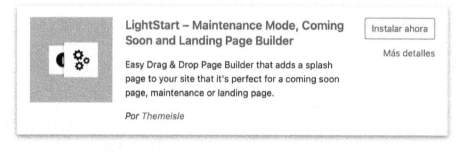

Después de activar el plugin, puede elegir una plantilla gratuita.

Utilice

Después de elegir una plantilla, se le mostrarán los ajustes. Estos se encuentran en **Escritorio > LightStart**.

1. En la pestaña **General**, seleccione **Estado - Activado/Desactivado**.

2. En la pestaña **Diseño**, puede editar la página o elegir una plantilla diferente.

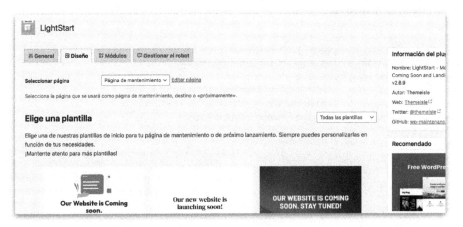

3. Haga clic en la pestaña **Módulos**. Verás ajustes adicionales para ampliar el plugin.

4. Haga clic en la pestaña Gestionar **Bot**. Esto configura los pasos de llamada para solicitar direcciones de correo electrónico. Seleccione **Estado - Activado**.

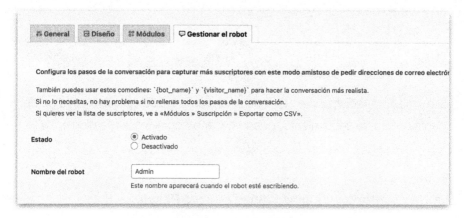

A continuación, haga clic en el botón **Guardar ajustes**.

5. Vea su sitio en **otro navegador**.

Google analytics

Si el sitio está registrado en Google Analytics y desea aplicar un código de identificación de seguimiento, puede hacerlo con el siguiente plugin.

Instale

Vaya a **Escritorio > Plugins > Añadir nuevo Plugin**.

En el campo de búsqueda, escriba *Simple Universal Google Analytics*.

Instale y **active** el plugin.

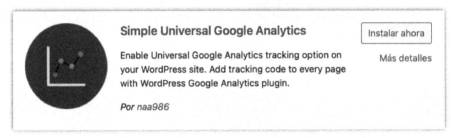

Utilice

Vaya a **Escritorio > Ajustes > Google Analytics**. Introduzca el *código Tracking ID* en el campo de texto y haga clic en **Guardar cambios**.

General Settings

Tracking ID	UA-12345678-9

Enter your Google Analytics Tracking ID for this website (e.g UA-35118216-1).

Guardar cambios

Formulario

Contact Form by WPForms – Drag & Drop Form Builder for WordPress

El mejor plugin de formularios de contacto para WordPress. Constructor de formualrios online para crear bonitos formularios de contacto, formularios de pago y otros formularios personalizados...

Por WPForms

Activo

Más detalles

Si necesitas un formulario simple entonces usa **Contact Form 7**.

Si quieres añadir más campos a un formulario entonces te recomiendo usar el plugin **wpforms**.

Instale

Vaya a **Escritorio > Plugins > Añadir nuevo Plugin**.

En el campo de búsqueda, escriba: wpforms. **Instale** y **active** el plugin.

Utilice

Ir a **Escritorio > WPForms > Añadir nuevo**. Nombre del formulario - **form 1**. A continuación, seleccione **Formulario de contacto simple**.

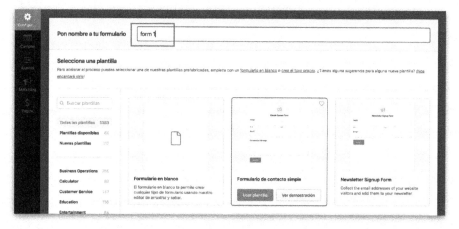

Se ha creado un formulario. Añadir campos estándar.

Haga clic en el botón **Casillas de verificación**.

En el formulario, seleccione las **Casillas de verificación**.

Cambia la **Etiqueta** (título) y las **Opciones**. En este caso, el título es *Color favorito* y las opciones *Rojo*, *Amarillo* y *Azul*. Es posible mover el campo de elección (izquierda) cogiéndolo y arrastrándolo. Vaya a la parte superior derecha y haga clic en el botón **Guardar** y, a continuación, en la **cruz**.

Vaya a **Escritorio > Páginas - Contacto** y haga clic en el icono [+] .

Vaya a **Bloques > WIDGETS > WPForms** y seleccione **form 1**.

Haga clic en el botón **Guardar** o **Actualizar** y vea su página.

El formulario no llega

WP Mail SMTP by WPForms – The Most Popular SMTP and Email Log Plugin

Instalar ahora

Más detalles

Facilita el envío de correo electrónico de WordPress. Conecta con SMTP, Gmail, Outlook, SendGrid, Mailgun, SES, Zoho y más. Valorado como el plugin de correo electrónico SMTP n° 1 para WordPress.

Por WP Mail SMTP

Wordpress envía mensajes de correo directamente desde el servidor web. Si un sitio web está alojado en un servidor desde el que se envía spam, es probable que sea bloqueado por los filtros de spam. Un administrador no recibe ningún mensaje, los visitantes ningún correo de confirmación.

Para resolver este problema, puede utilizar el plugin **WP Mail SMTP**. Usando este plugin, los mensajes se envían a través del protocolo SMTP. Un mensaje ya no será marcado como spam.

Instale

Vaya a **Escritorio > Plugins > Añadir nuevo Plugin**. En el campo de búsqueda, escriba: *WP Mail SMTP*. **Instale** y **active** el plugin.

Utilice

Vaya a **Escritorio > WP Mail SMTP**.

General	Registro de correo electrónico	Alertas	Conexiones adicionales	Enrutamie

En la pestaña **General**, elija un Mailer. Utilice la dirección de correo electrónico y los datos SMTP de su dominio. Los ha recibido de su proveedor de alojamiento web después de crear el alojamiento. En la mayoría de los casos, usted mismo creó una dirección de correo electrónico desde un **panel de control Admin**. Consulte el capítulo *Instalar WordPress*.

1. **Correo electrónico del remitente**: dirección de correo electrónico y nombre del remitente.

2. **Servicio de envío**: seleccione *Otro SMTP*.

3. **Otro SMTP**: por ejemplo *smtp.dominio.es.*

   Cifrado - Ninguna.

   Identificación - Activo.

   Nombre de usuario y **contraseña** de **SMPT**.

A continuación, haga clic en el botón **Guardar ajustes**.

Con este plugin, puede estar seguro de que usted y un visitante reciban un mensaje de formulario.

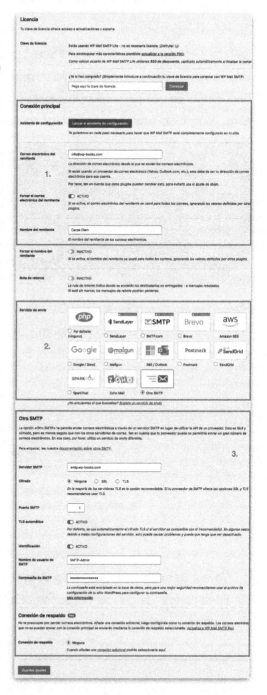

Gestión de medios

La biblioteca de medios de WordPress no utiliza una estructura de carpetas. Todos los archivos multimedia se muestran en una única ventana, donde sólo es posible seleccionar por tipo de archivo. Con el plugin **File-Bird**, es posible colocar los archivos en carpetas.

FileBird es un plugin Freemium. Desafortunadamente, esto significa que no tiene una versión completa (Premium). La versión Free te permite crear 10 carpetas.

Instale

FileBird – WordPress Media Library Folders & File Manager

Organiza con facilidad miles de archivos de medios de WordPress en carpetas/categorías.

Por Ninja Team

Instalar ahora

Más detalles

1. Vaya a **Escritorio > Plugins > Añadir nuevo Plugin**.
2. En el campo de búsqueda, escriba *FileBird*.
3. **Instale** y **active** el plugin.

Utilice

Vaya a **Escritorio > Medios > Biblioteca**.

Haz clic en el botón **+ Nueva carpeta** para crear una carpeta.

A continuación, **arrastra** y suelta una imagen en la nueva carpeta.

El botón **Selección en lotes** por lotes permite **colocar** o **borrar** una selección de imágenes en una carpeta.

Crear una subcarpeta también es fácil. Cree una nueva carpeta y arrástrela y suéltela en una carpeta.

Para mover un archivo de una carpeta, seleccione una carpetas.Luego arraste el archivo a otra carpeta o a **Sin categoría**. La versión Lite permite crear 10 carpetas.

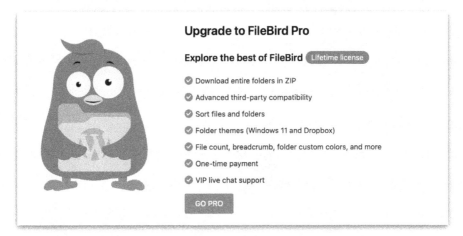

Si necesita más carpetas entonces necesita una versión Pro.

Puede actualizar el plugin por $39.

ninjateam.org/wordpress-media-library-folders.

Ampliar la galería

Si ha creado una galería de WordPress, puede utilizar el plugin **Simple Lightbox** para asegurarse de que una galería utiliza un efecto Lightbox. Este es un efecto en el que puede hacer clic en una imagen para ver una ampliación. La galería también funciona como un carrusel deslizante.

Instale

1. Vaya a **Escritorio > Plugins > Añadir nuevo Plugin**.
2. Escriba en el campo de búsqueda **Simple Lightbox**.
3. **Instale** y **active** este plugin.

Para activar Lightbox en una galería, vaya a una Página que contenga una galería. Ver capítulo *Galería*.

Simple Lightbox también funciona con imágenes, botones y enlaces.

Seleccione el bloque **Galería**, en la **barra de herramientas**, asegúrese de que cada imagen dentro de la galería **enlaza con un archivo de medios**.

Después de hacer estos ajustes, recuerde hacer clic en el botón **Actualizar** y luego ver su sitio para ver los cambios.

En la parte inferior de la página, puedes traducir las etiquetas de texto.

Después, no olvides hacer clic en el botón **Guardar**.

Ampliar el tamaño de carga

Increase Maximum Upload File Size

Increase maximum upload file size limit to any
value. Increase upload limit - upload large files.

Por Imagify

Instalar ahora

Más detalles

El tamaño máximo de archivo para cargar es de 8 MB por defecto. Lamen-
tablemente, no es posible cargar un archivo de película de, por ejemplo, 10
MB. Utilizando un plugin, puedes ajustar el tamaño de subida.

Instale

1. Vaya a **Escritorio > Plugins > Añadir nuevo Plugin**.
2. Escriba en el campo de búsqueda *Increase Maximum Upload File Size.*
3. **Instale** y **active** el plugin.

Utilice

Vaya a **Escritorio > Ajustes > Increase Maximum Upload File Size**.
Seleccione un valor. Por ejemplo, **64MB**.

Clic en el botón **Guardar cambios**. Vea el tamaño del archivo.

Barras laterales personalizadas

Una de las primeras preguntas que hacen los estudiantes: "¿Puedo utilizar también barras laterales diferentes?". El plugin **Custom Sidebars** te permite crear diferentes barras laterales que contienen diferentes widgets.

El plugin no funciona con el nuevo **Editor de Bloques de Widgets**. Para usarlo, se recomienda instalar primero el plugin **Widgets clásicos** (*de WordPress Contributors*).

> 🔥 **IMPORTANT** 🔥
>
> Custom Sidebars plugin is NOT compatible with the new widgets edit screen (powered by Gutenberg). Install the official Classic Widgets plugin if you want to continue using it.

Instale

1. Vaya a **Escritorio > Plugins > Añadir nuevo Plugin**.
2. Escriba en el campo de búsqueda *Custom Sidebars*.
3. **Instale** y **active** el plugin.

Utilice

Vaya a **Escritorio > Apariencia > Widgets**.

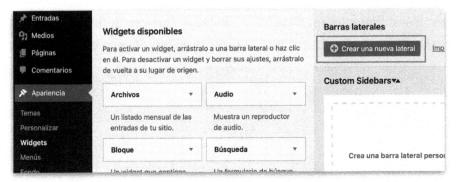

Haga clic en el botón **+ Crear una nueva lateral**.

En la nueva ventana, asigne un **Nombre** y una **Descripción** a la nueva barra lateral. A continuación, haga clic en el botón **Crear una barra**.

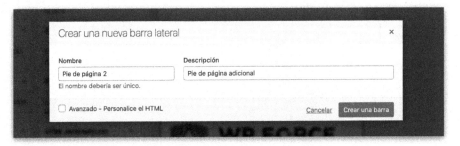

Después de crear una nueva barra, vaya a *Pie de página 2* para añadir nuevos widgets. No es necesario guardar.

A continuación, vaya a **Escritorio > Páginas**. Elige una página que quieras enlazar a la nueva barra lateral. En la sección **Barras laterales**, elige **Pie de página 2**. A continuación, haz clic en el botón **Actualizar**.

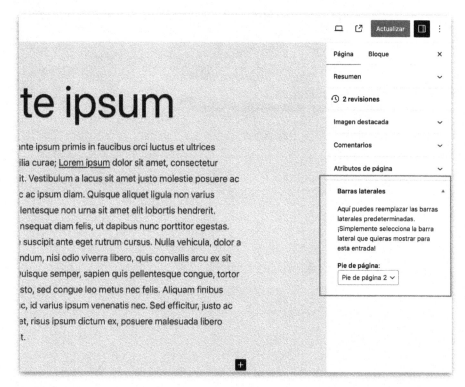

Asegúrese de que la página está incluida en el menú. Visualice el sitio y haga clic en el elemento del menú al que están vinculadas la página y la barra lateral.

Imágenes de cabecera personalizada

También es posible utilizar diferentes imágenes de cabecera. Para utilizar el plugin, el tema debe soportar imágenes de cabecera. **Active** el tema **Maxwell**. El plugin funciona de la misma manera que el plugin Custom Sidebars.

Desde una Página o entrada, puede especificar el imágenes de cabecera correspondiente. Si la página está cargada, el encabezado de la imagen cambiará en consecuencia. Tenga en cuenta que el complemento no es adecuado para temas de bloque.

Instale

1. Vaya a **Escritorio > Plugins > Añadir nuevo Plugin**.
2. Escriba en el campo de búsqueda *WP Display Header*.
3. **Instale** y **active** el plugin.

Importar nuevas imágenes de cabeceras

Ahora se trata de incluir diferentes imágenes de cabeceras en la Mediateca. Vaya a **Escritorio > Medios**. Haz clic en **Añadir nuevo archivo de medios**.

Importe varias imágenes de cabecera. Consejo, asegúrese de que todas las imágenes de cabecera tienen la misma altura.

El tema **Maxwell** especifica que un imágen de cabecera puede tener 1200 × 400 píxeles. Después de subir la imagen, puedes recortarla para que se ajuste perfectamente.

Vaya a **Escritorio > Apariencia > Cabecera**.

Haga clic en **Añadir nuevas imágen** y seleccione su nuevo cabecera.

Puede que desee recortar la imagen de cabecera.

En ese caso, haga clic en el botón **Seleccionar y recortar**. Nuevas imágenes de cabecera aparecen en la columna a la izquierda. Por cierto, también es posible usar una nueva imagen como el cabecera predeterminado seleccionándola. También es posible que las imágenes del cabecera se muestren aleatoriamente. Haga clic en el botón **Publicar**.

Utilice

Vaya a **Escritorio > Páginas**. Haga clic en una página. En la sección **Header**, en la parte inferior de la página, seleccione la imagen de cabecera correspondiente.

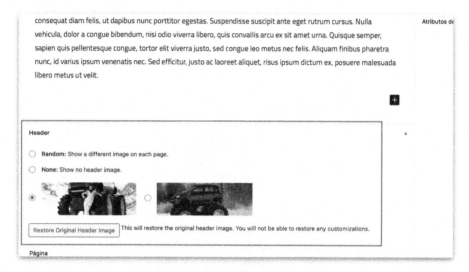

A continuación, pulse el botón **Actualizar**.

Si la página está incluida en la barra de navegación, la nueva imagen de cabecera se muestra después de que el visitante haga clic en ella.

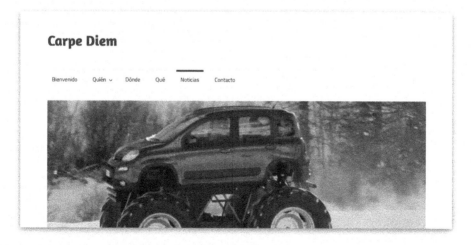

COPIA DE SEGURIDAD

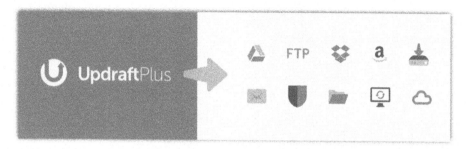

Un proveedor de alojamiento web realiza regularmente copias de seguridad de tu sitio web. Si no quieres depender de esto, puedes utilizar el plugin **UpdraftPlus WordPress Backup Plugin.**
Con este plugin, puede crear sus propias copias de seguridad de forma rápida y sencilla.

Además, puede volver fácilmente a una versión guardada anteriormente. Usando la configuración, puede especificar dónde desea guardar una copia de seguridad. Esto puede ser en la nube o en su propio ordenador.

Instale
1. Vaya a **Escritorio > Plugins > Añadir nuevo Plugin**.

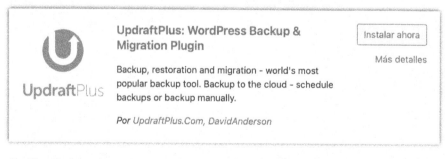

2. Escriba en el campo de búsqueda *UpdraftPlus WordPress Backup...*
3. **Instale** y **active** el plugin.

Utilice

Vaya a **Escritorio > UpdraftPlus**.

Para hacer una copia de seguridad manual, pulse el botón **Hacer ahora una copia de seguridad**.

Aparecerá una ventana emergente. Esto indica que se está haciendo una copia de seguridad de su base de datos y archivos de WordPress. Debajo de esto, puede indicar que la copia de seguridad puede ser borrada manualmente.

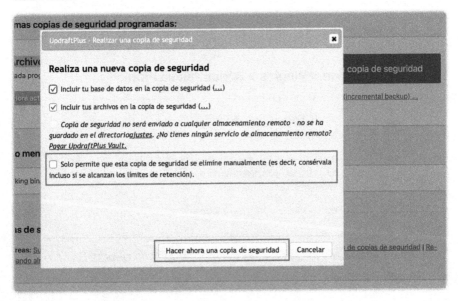

Copie la configuración y haga clic en el botón **Hacer ahora una copia de seguridad**. Se guardará una copia de seguridad. El botón **Restaurar** permite volver a una versión anterior.

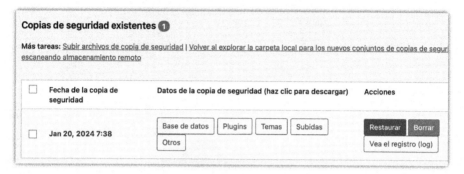

Si quieres guardar una copia de seguridad en tu propio ordenador o en la Cloud, haz clic en la pestaña **Ajustes**. Desde aquí, puedes especificar dónde se guardará la siguiente copia de seguridad.

La versión gratuita sólo permite realizar copias de seguridad manuales. Si desea utilizar la versión completa, que permite realizar copias de seguridad automáticas, entre otras cosas, puede actualizar el plugin a una versión Premium. Más información: *https://updraftplus.com*.

SEGURIDAD DEL SITIO WEB

WordPress es un sistema seguro y ampliamente probado. Sin embargo, de vez en cuando ocurre que un sitio de WordPress es hackeado. Esto suele deberse a la seguridad del alojamiento web, a vulnerabilidades en los plugins, a nombres de usuario y contraseñas débiles o al uso de una versión antigua de WordPress.

Solid Security permite añadir seguridad adicional a un sitio web. Puede tapar posibles vulnerabilidades, contrarrestar ataques automáticos y reforzar el procedimiento de inicio de sesión.

Instale

1. Vaya a **Escritorio > Plugins > Añadir nuevo Plugin**.
2. Escriba en el campo de búsqueda *Solid Security*.
3. **Instale** y **active** el plugin.

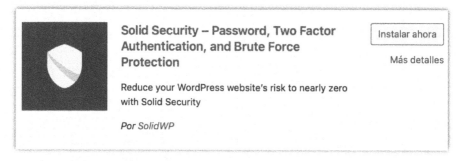

Vaya a **Escritorio > Seguridad**. Mediante un procedimiento de instalación, puede asegurar el sitio web.

Elija el tipo de sitio y responda a todas las preguntas. Una vez completado el proceso, el sitio web estará protegido.

Entonces podrás ver un resumen.

Vaya a **Escritorio > Seguridad > Ajustes** para utilizar otras funciones.

En **Características**, es posible utilizar la protección de **Ataque de fuerza bruta en red**.

El botón **Ayuda** le mostrará explicaciones adicionales sobre cómo utilizar las funciones de seguridad.

Si desea utilizar una o más funciones, haga clic en el botón **Activar**, a continuación, puede **configurar** una opción.

Si quieres hacer un uso completo de este plugin, necesitas la versión Pro. Puede actualizar el plugin de $ 99 por año.

Más información: *https://solidwp.com/security*.

MIGRAR UN SITIO LOCAL A INTERNET

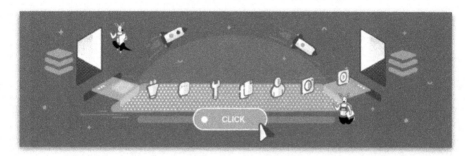

Usando un servidor web local como LOCAL o MAMP, tiene un sitio Word-Press en su propio ordenador. El plugin **All-in-One WP Migration** permite mover un sitio web. En este capítulo, se **exporta** un sitio local de Word-Press y luego se **importa** a un sitio en línea (remote) de WordPress. Este método también funciona al revés.

El archivo que se utiliza para exportar el sitio web es también una copia de seguridad del sitio web.

Instale

All-in-One WP Migration

Mueve, transfiere, copia, migra y haz copia de seguridad de un sitio con un solo clic. Rápido, fácil y fiable.

Por ServMask

Instalar ahora

Más detalles

1. Vaya a **Escritorio > Plugins > Añadir nuevo Plugin**.
2. Escriba en el campo de búsqueda *All-in-One WP Migration*.
3. **Instale** y **active** el plugin.

Exportar sitio

1. Vaya a **Escritorio > All-in-One WP Migration**.
   Haga clic en el botón **Exportar a**. Elige la opción **Archivo**.

2. El archivo está siendo escaneado. Por favor espere...

3. Haga clic en el botón verde **DESCARGAR ...** .

4. El archivo de exportación con la extensión **.wpress** se encuentra en la carpeta **Descargas**.

basis-es.local-20240120-112251-ufg42q.wpress

Importar sitio

1. Vaya a su proveedor de alojamiento web (por ejemplo, *Ionos*) e instale un nuevo sitio de WordPress mediante **Apps installer**.

2. En el nuevo sitio de WordPress, **instale** y **active** el plugin **All-in-One WP Migration**.

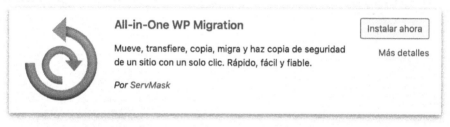

3. Vaya a **Escritorio > All-in-One WP Migration > Importar**.
4. Haga clic en **IMPORTAR DE** y elija la opción **Archivo**. Seleccione el archivo **.wpress** o arrastre el archivo al marco de carga.

> **Consejo**, si el sitio es demasiado grande para importarlo, instale también el plugin: **All-in-One WP Migration Import**.
>
> Puede descargar el plugin adicional aquí:
>
> **https://import.wp-migration.com**

5. El archivo es importado.

6. Aparece un mensaje adicional.

7. Haga clic en **Proceder**. El sitio se ha importado correctamente.

8. Lee el mensaje. Esto significa que debes guardar los enlaces permanentes. Haz clic en **Finalizar**.

   A continuación, vuelva a iniciar sesión.

9. **Nota** Utilice los datos de acceso de su
sitio importado.

10. Vaya a **Escritorio > Ajustes > Enlaces
permanentes**. Elija la opción **Nombre de
la entrada**.

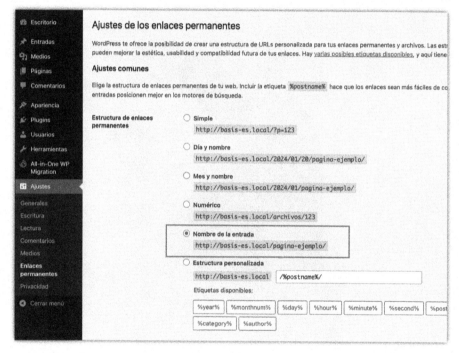

11. Haga clic en el botón **Guardar cambios**.

Felicidades, tu sitio de WordPress ha sido importado correctamente.

Consejo, exporte regularmente un archivo **.wpress**. Mantenga el stock.
También es un backup del sitio.

OPTIMIZACIÓN DE MOTORES DE BÚSQUEDA

Una vez que haya completado un sitio, desea que sea bien encontrado por los motores de búsqueda. En ese caso, puede utilizar un plugin SEO. SEO son las siglas de **Search Engine Optimisation** (optimización para motores de búsqueda). Uno de los plugins SEO que no puedes ignorar es Yoast SEO.

Instale

1. Vaya a **Escritorio > Plugins > Añadir nuevo Plugin**.
2. Escriba en el campo de búsqueda *Yoast SEO*.
3. **Instale** y **active** el plugin.

Utilice

Yoast SEO

Mejora el SEO de tu WordPress: escribe mejor contenido y ten un sitio WordPress totalmente optimizado utilizando el plugin Yoast SEO.

Por Team Yoast

Instalar ahora

Más detalles

Una vez activado el plugin, te encuentras con muchas opciones. Afortunadamente, el creador tiene una guía clara en línea. Véase: https://yoast.-com/wordpress-seo. Voy a resumir brevemente cómo utilizar este plugin.

Enlaces permanentes

Asegúrese de que su enlace permanentes está actualizado.

Vaya a **Escritorio > Ajustes > Enlaces permanentes**.

En **Ajustes comunes**, elija **Nombre de la entrada**.

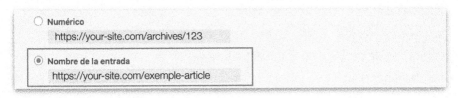

WWW o no WWW

www.site.com y **site.com** son dos URL diferentes también para Google. ¿Cómo puede saber si su sitio web utiliza www o no utiliza www? Escriba su dirección sin www delante. Si el sitio se carga con www en la barra de direcciones, elige una dirección URL con www. Si no tienes www en la dirección y te gustaría tenerlas, ponte en contacto con tu proveedor de alojamiento web.

Vaya a **Escritorio > Ajustes > Generales**.

En (URL), muestra si usas www o no.

Reglas SEO

Antes de seguir adelante, es útil saber un poco más sobre SEO. Hay algunas reglas que debe conocer. Si sigue estas reglas, lo más probable es que un motor de búsqueda pueda encontrar mejor su sitio web. Un plugin no garantiza que el sitio web sea encontrado. Es sólo una herramienta que se asegura de que el contenido está en orden.

Título y páginas del sitio web

Una parte importante para que te encuentren es el **título** de tu sitio y de tus páginas. Esto se muestra en la parte superior del navegador y como texto de enlace con Google.

wp-books.com
https://wp-books.com › category · Şu sahypany terjime et ⋮
WordPress – WP Books
Catégorie. WordPress. 5. WordPress WooCommerce · WordPress Avancé · WordPress Les
Bases · WordPress Gutenberg · Thème **base** sur des blocs.

▸ Directriz: 65 caracteres como máximo (espacios incluidos).
▸ Utilice una llamada a la acción o formule una pregunta.
▸ Anteponga su palabra clave o término de búsqueda más importante.

Descripción meta

Otra parte de ser encontrado es la **descripción** del sitio y de las páginas subyacentes. Se muestra en Google debajo del título.

▸ Breve descripción del sitio/página.
▸ Directriz: 150 caracteres como máximo (espacios incluidos).
▸ Tiene como objetivo aumentar el CTR (Click-Through Rate).
▸ Utilice palabras clave.
▸ No es necesario utilizar frases completas.

Meta palabras clave

Son palabras con las que quiere que le encuentren. Limítalo a 10 palabras clave o combinaciones de palabras clave. Google no presta atención a las palabras clave, otros motores de búsqueda sí.

Utilice

No utilice el asistente de instalación. Haga clic en **Saltar**.

A continuación, vaya a **Escritorio > Yoast SEO > General**. En la ventana, verás 2 pestañas **Escritorio** y **Configuración inicial**.

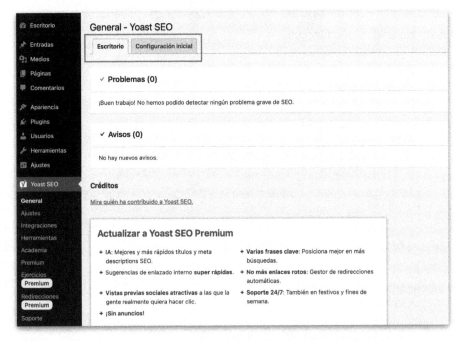

En este libro, utilizaremos la configuración predeterminada de Yoast Dashboard. Si quieres utilizar los ajustes avanzados, ve a **Escritorio > Yoast SEO > Ajustes**. Allí encontrarás más información sobre las diferentes características.

Con el icono **?** (abajo a la derecha), puedes encontrar más información sobre los distintos ajustes.

Páginas y entradas

Vaya a **Escritorio > Páginas**. Haga clic en la **página de inicio**. En la parte inferior de la página está **Yoast SEO**. Aquí es donde puedes incluir o editar información como el **título**, la **descripción** y las **palabras clave**.

La vista **previa de Google** te permite ver el resultado.

En el campo **Título SEO** y **Meta descripción**, puede ajustar la información. La barra de color que aparece debajo indica si se ha introducido de acuerdo con las normas SEO.

Debajo de la **frase clave objetivo** puede colocar palabras clave. Estas son palabras por las cuales su sitio quiere ser encontrado. En **Análisis SEO**, se le mostrarán consejos. Con estos consejos, puede ajustar las palabras clave.

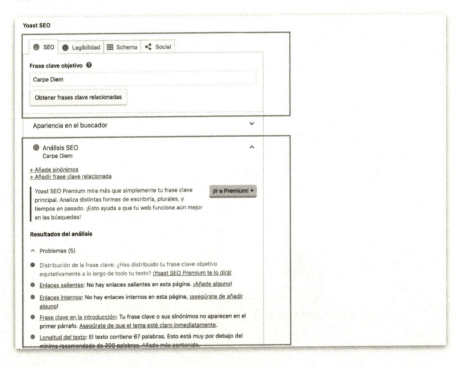

En **Avanzado**, puede especificar si una página debe o no ser rastreada por un motor de búsqueda.

Es bueno indicar cuándo una página no debe seguirse. Así sabrá cuáles son las partes más importantes de su sitio web.

Haga clic en la pestaña **Legibilidad**. Esta sección le ofrece más información sobre cómo mejorar la legibilidad de la página.

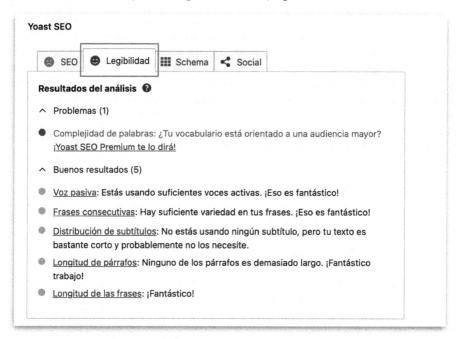

Una vez que haya terminado de introducir la información SEO, no olvide hacer clic en el botón **Actualizar**.

Si ha introducido todo de acuerdo con las reglas SEO, entonces el semáforo está en verde. Si el semáforo está en rojo, repita todas las instrucciones.

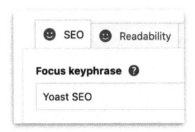

Más consejos SEO

▶ Envíe el sitio web a los motores de búsqueda.
Por ejemplo, http://www.google.nl/intl/nl/add_url.html.

▶ Cuantos más enlaces haya desde sitios web hacia el suyo, mejor se encontrará su sitio.

▶ Los enlaces desde un sitio web con un pagerank alto aumentan su propio pagerank.

▶ Haga una lista de palabras con las que su sitio web debería ser encontrado. Coloque estas palabras en el título. Puede utilizar varias palabras, pero no demasiadas.

▶ Coloque palabras relevantes en los títulos y subtítulos del sitio web.

▶ Para los subtítulos, utilice la rúbrica 2.

▶ Coloque las palabras clave relevantes en el texto del sitio web.

▶ Utilice texto y no imágenes de texto.

▶ Dé a sus imágenes un nombre claro (no: DCIM34262.jpg).

▶ Asegúrese de que el sitio web se carga rápidamente.
Compruebe el sitio:
http://developers.google.com/speed/pagespeed/insights.

El plugin Yoast SEO es sólo una herramienta que hace que un sitio web sea mejor indexado por los motores de búsqueda. No te garantiza que vayas a posicionarte en los primeros puestos. No te guíes por el semáforo. El verde es bueno, el naranja también. Si quieres estar en los primeros puestos de una lista de búsqueda, utiliza Google Ads y usa tu tarjeta de crédito.

PRIVACIDAD Y COOKIES

Si recopila datos de usuarios con un sitio web, en virtud de la legislación europea sobre privacidad GDPR está legalmente obligado a revelar lo que ocurre con estos datos. GDPR son las siglas en inglés del **G**eneral **D**ata **P**rotection **R**egulation. En español, Reglamento General de Protección de Datos (RGPD).

Al incluir una Declaración de Privacidad en un sitio web, es posible informar a los visitantes y solicitar su consentimiento para la colocación de cookies.

Tras una instalación estándar de WordPress, se crearon varias páginas, incluido un borrador titulado **Privacy Policy**.
Esta página está parcialmente terminada y lista para su uso.

Si quiere saber exactamente qué debe cumplir una página GDPR, eche un vistazo a la página web de un competidor. Básicamente, se trata de especificar exactamente qué ocurre con esos datos. Por ejemplo:

▸ Cuál es la finalidad, por ejemplo, para enviar boletines informativos.
▸ Qué datos se utilizan, por ejemplo, direcciones de correo electrónico.
▸ Quién conserva los datos.
▸ ¿Se publican estos datos?
▸ Qué partes tienen acceso a estos datos, por ejemplo, Google o Facebook.
▸ Cuánto tiempo se conservan estos datos.
▸ Cómo se protegerán los datos, por ejemplo, con un certificado SSL.
▸ ¿Pueden los clientes/usuarios borrar los datos?

Si desea utilizar la página de **Política de Privacidad** por defecto vaya a
Escritorio > Ajustes > Privacidad.

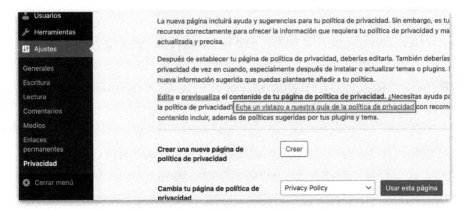

Haga clic en el enlace **Echa un vistazo a nuestra guía de la política de
privacidad**. Hay una versión en español visible y lista para copiar.

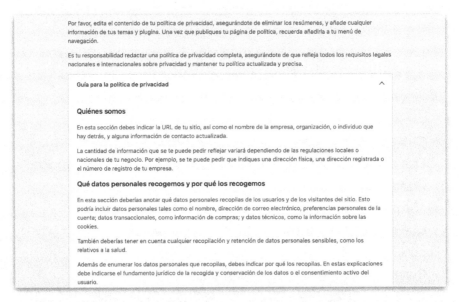

Copie lo que sea relevante. A continuación, vaya a **Escritorio > Páginas** y
seleccione la página **Política de privacidad**. Sustituya el texto y añada
información adicional cuando sea necesario.

A continuación, asegúrese de que la página está publicada.

Haga clic en el botón **Publicar**.

A continuación, coloque un enlace de la página en el menú, a pie de página o en una barra lateral. El sitio web cuenta ahora con una Declaración de privacidad.

Plugin GDPR

Con un plugin **GDPR**, es posible informar a los visitantes y pedirles permiso para colocar cookies. También es posible incluir un enlace a una declaración de privacidad.

Existen dos tipos de cookies:
Cookies **funcionales**, necesarias para el funcionamiento de un sitio web, por ejemplo, las cookies de WordPress.
Cookies **analíticas** y de **marketing**, que son cookies de terceros proporcionadas, por ejemplo, por Google o Facebook.

Consejo, algunos plugins GDPR utilizan escáneres de cookies. Esto significa que el plugin funciona junto con el seguimiento (plugins de seguimiento, como por ejemplo un plugin de Google Analytics o Facebook pixel.

Si no tiene ni idea de qué cookies utiliza su sitio web vaya a un comprobador de cookies en línea: *www.cookiemetrix.com*.

Instale

Complianz – GDPR/CCPA Cookie Consent   Instalar ahora

Configura tu aviso de cookies, el consentimiento de cookies y la política de cookies con nuestro asistente y el explorador de cookies. Compatible con el RGPD, DSGVO, TTDSG, LGPD, POPIA, GDPR, CCPA/C y ...   Más detalles

Por Really Simple Plugins

1. Vaya a **Escritorio > Plugins > Añadir nuevo Plugin**.
2. Escriba en el campo de búsqueda *Complianz – GDPR/CCPA Cookie...*
3. **Instale** y **active** el plugin.

Utilice

Vaya a **Escritorio > Complianz > Asistente**. El Asistente le guiará a través de una serie de pasos para configurar el sitio web.

En **General > Visitantes**, especifique qué ley de privacidad desea utilizar.

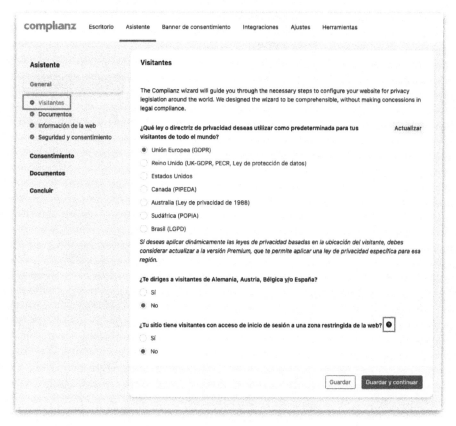

Hay algunas cosas que pueden ayudarte durante la configuración:

▸ Mueva el ratón sobre los signos de interrogación para obtener más información.

▸ Las notificaciones importantes aparecen en la columna de la derecha.

▸ Puede enviar un ticket si necesita ayuda.

En **General > Documentos**, indique qué páginas se utilizan para la Política de cookies, la Declaración de privacidad y el Descargo de responsabilidad.

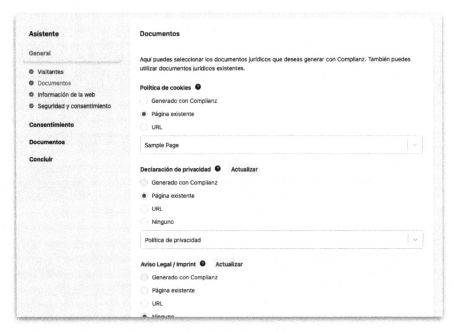

En **Consentimiento > Escaneodo del sitio**, compruebe si hay cookies en el sitio web.

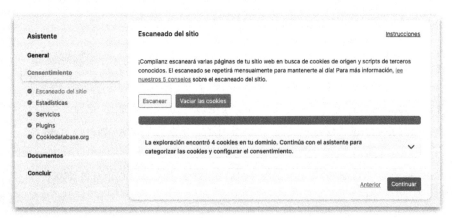

En **Permiso > Estadísticas**, se indica si se utiliza Google Analytics. A continuación, es posible introducir el **ID de seguimiento**. Nota. No es necesario instalar un plugin adicional para esto.

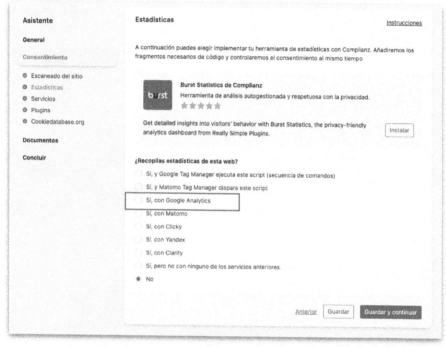

Para más información, visite: *complianz.io/docs*.

Diseño de banner de cookies

Vaya a **Escritorio > Complianz > Banner de consentimiento**.

En esta sección, puede diseñar el banner.

En **General**, puede desactivar el banner y gestionar el título, entre otras cosas.

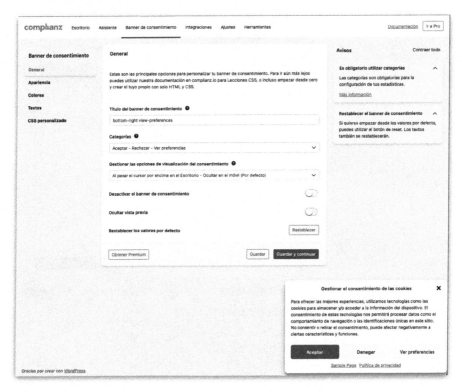

Aparecerá una vista previa en la ventana inferior derecha.

En **Apariencia**, se especifica la posición y otros ajustes visuales, entre otras cosas.

En **Colores**, es posible ajustar el color y el estilo.

En **Textos**, personalice el texto y el mensaje.

En **CSS personalizado** puede añadir código CSS personalizado adicional.

SSL - SITIO SEGURO

Los navegadores de Internet advierten a los visitantes si un sitio web no dispone de un certificado **SSL**. En la barra de direcciones aparece el siguiente texto No es seguro. Después de instalar WordPress, su sitio web todavía no tiene un certificado SSL. esto significa **S**ecure **S**ockets **L**ayer. Esto crea una conexión cifrada entre el servidor y el visitante.

Con http**s**:// en la barra de direcciones, usted sabe que un sitio web es seguro. También muestra un **icono de candado**. Puede comprar un certificado SSL. También puede utilizar un certificado gratuito (de Let's Encrypt).

La activación SSL sólo puede realizarse con la ayuda de su proveedor de alojamiento web. en este caso, se utiliza el alojamiento web IONOS. Si tiene un proveedor de alojamiento web diferente, es posible que tenga que seguir un procedimiento distinto.

1. Inicie sesión en **IONOS** y haga clic en **Dominios y SSL**.

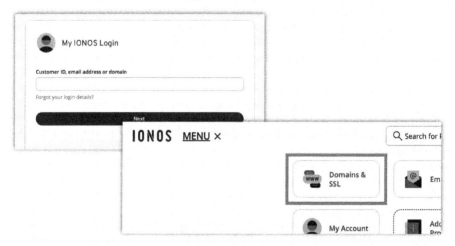

2. Haga clic en el icono del **candado rojo** situado a la izquierda del dominio que desea proteger.

3. Seleccione un certificado, por ejemplo **Free SSL Starter Wildcard**, y haga clic en **Activar ahora**.

4. En el campo **Dominio**, seleccione el **dominio** para el que debe emitirse el **certificado SSL**.

5. En el menú desplegable **Cambiar uso**, seleccione **Usar con mi sitio web IONOS**.

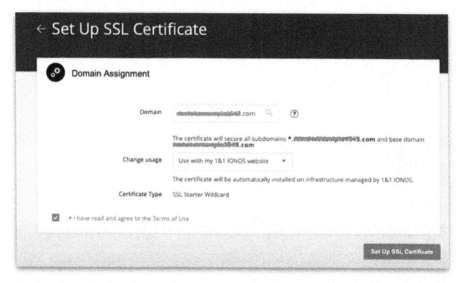

6. Compruebe los **datos** de su empresa y ajústelos si es necesario. Asegúrese de que la empresa y los datos técnicos de contacto son correctos.

7. Lea las condiciones de uso y confírmelas marcando la casilla de verificación. A continuación, haga clic en **Configurar certificado SSL**.

Activar SSL en Wordpress

Después de vincular el certificado SSL a un nombre de dominio, el sistema ve automáticamente si hay un certificado disponible. Desde WordPress se puede indicar que se desea hacer uso de él.

Para activar SSL desde WordPress vaya a
Escritorio > Herramientas > Salud del sitio.

La ventana muestra que el sitio web no utiliza HTTPS. Haga clic en el botón Actualizar su sitio para utilizar HTTPS.

Compruebe su sitio web y la barra de direcciones.

Si la actualización no funciona del todo bien o está utilizando una versión anterior, siempre puede utilizar el plugin *Really Simple SSL*.

Activar SSL con un plugin

Instale y active el plugin Really Simple SSL.

Really Simple SSL

¡La forma más fácil de mejorar la seguridad! Aprovecha tu certificado SSL y protege a los visitantes de tu web.

Por Really Simple Plugins

Instalar ahora

Más detalles

A continuación, haga clic en el botón Adelante, active SSL. Compruebe su sitio web.

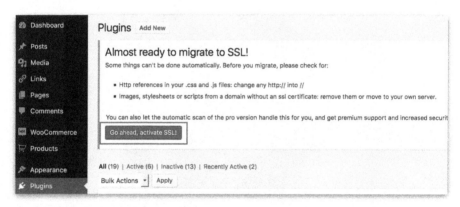

La barra de direcciones de tu navegador mostrará ahora el icono de un candado.

FINAL

Después de leer este libro, habrá adquirido conocimientos suficientes para configurar un sitio de WordPress de forma independiente. Ha aprendido a convertir su ordenador en un servidor web y a instalar y configurar Word-Press.

Ha visto el front end y el back end de WordPress.
A continuación, has ajustado el sistema y añadido contenido a un sitio.

Con plugins, has añadido más funcionalidad. Con un tema, ha cambiado el aspecto de un sitio sin perder ningún contenido.

Después, has dotado al sitio de funcionalidades adicionales relacionadas con la seguridad, AVG, cookies, copias de seguridad y optimización para motores de búsqueda.

Una vez que haya terminado de configurar un sitio local, puede mover el sitio web a un host web remoto para que pueda verse en Internet.

Como he mencionado al principio, este libro es práctico y de aplicación inmediata. Espero haberte proporcionado una base sólida.

¡Diviértete con WordPress!

Información sobre WordPress:
wordpress.org.
es.wordpress.org/support.

SOBRE EL ESCRITOR

Roy Sahupala, especialista multimedia

" Especialista multimedia es sólo un título. Además de crear productos multimedia, llevo más de 22 años impartiendo formación sobre diseño web y me sigue encantando cuando la gente se emociona al poder hacer mucho más en poco tiempo de lo que creía posible de antemano. "

Tras estudiar diseño industrial, Roy se formó como especialista multimedia. Después trabajó en varias agencias multimedia. Desde 2000, creó su empresa WJAC, With Jazz and Conversations. WJAC ofrece productos multimedia a una gran variedad de clientes y agencias de publicidad.

Desde 2001, además de su trabajo, Roy se dedica a la formación y ha organizado varios cursos de diseño web en colaboración con diversos institutos de formación en Internet.

Libros de WordPress escritos por Roy Sahupala:

wp-books.com.

www.ingramcontent.com/pod-product-compliance
Lightning Source LLC
La Vergne TN
LVHW041209050326
832903LV00021B/543